Siets Bakker

Preguntas que Mueven

Cómo dejar que las preguntas trabajen para ti

Colofón

Preguntas que Mueven—Cómo dejar que las preguntas trabajen para ti

© 2021, primera impresión

Autora: Siets Bakker
Redacción: Noemí Viedma Ponce
Traducción: Joan Oliva Segú
Diseño gráfico: Elles Kramer, www.ellesofniets.nl

ISBN: 979-8501331-42-6, NUR: 800

Moving Questions — How to let questions work for you, Traducido des inglés por Natasha Barton (2019)

Índice

Índice general

Introducción		13
1	Calentando	21
	Movimiento	21
	Conexión	24
	Lo visible y más allá de lo visible	26
	Directas	28
	Cuándo usar las Preguntas que Mueven	28
2	Crea tu Pregunta que Mueve	39
	La calidad de tu presencia	39
	Usa tu antena	43
	Deja a un lado tu intención	47
	El silencio como parte de la respuesta	49
	Libre del miedo y del juicio	52
3	Preguntas listas para usar	61
	Buenas preguntas que se hacen con frecuencia	61
	Preguntas Genéricas	63
	Preguntas en coaching e intervisión	69
	Cuatro preguntas que te ayudarán a avanzar	75
4	Crea tus propias preguntas	83
	Combinar tipos de preguntas	83
	Preguntas abiertas y preguntas cerradas	86
	Cómo diseñar las Preguntas que Mueven	88
	Respuestas a las Preguntas que Mueven	103
5	De donde surgen tus preguntas	109
	Sistemas	109
	El Pepito Grillo de los sistemas	116
	Tus sistemas	120
	Información de tus sistemas	122

Extra Las leyes de los sistemas. 131
    Las leyes de los sistemas 131
    1ª ley: lo emocionante del juego de las sillas . . . 132
    2ª ley: el mayor de los gemelos 136
    3ª ley: lo "gratis" no existe 139
Epílogo 146
    Epílogo 147
    Siets Bakker 149
    Sobre el traductor 151
    ¿Quieres leer más?. 153
    Una herramienta práctica: la baraja de cartas . . . 155

A mi hija Iris,
que aprendió a hablar español
durante el confinamiento
por el coronavirus.

Introducción

Introducción

De vez en cuando, decides que es necesario un cambio. Así que estableces un plan. Un plan que te lleve de "A" a "B" y que te prepare para lidiar con aquello que puedas encontrarte en el camino. A veces, lo que se necesita no es cambio, sino movilización. Por lo que empiezas a explorar, ya sea dentro o fuera de ti. Buscas donde está el punto de fricción. Con suerte, esta exploración activará aquello que estaba causando el bloqueo, para poder empezar a moverse de nuevo. Las Preguntas que Mueven invitan a este tipo de movimiento.

Las Preguntas que Mueven empiezan por diferenciar entre cambio y movimiento. Lo que, sin duda, no son es un procedimiento paso a paso, o un conjunto de normas. Seguir una serie de pasos para ir de "A" a "B" es un cambio. Pero nadie sabe exactamente qué es lo que se obtendrá al formular una Pregunta que Mueve. La "Pregunta A" no siempre obtendrá la "Respuesta B". La respuesta a la "Pregunta que Mueve A" puede ser "verde". O "19". O "sí y no" a la vez.

Incluso anticipar dónde te van a llevar las Preguntas que Mueven es, a menudo, difícil. Porque al formular Preguntas que Mueven, no pones tu atención en un problema, ni en una solución. Tomas el problema como un síntoma de alguna otra cosa. De hecho, no tienes que resolver el problema en sí mismo. Al fin y al cabo, el problema no es más que la consecuencia de alguna otra cosa. Una vez descubres la causa real, el problema se desvanece. En muchos casos, se resuelve automáticamente por sí sólo, o aquello que debe ser hecho se muestra de manera evidente. A esto es a lo que llamamos movimiento.

En el fondo de muchas de las tareas que asumo como consultora organizacional, está el realizar un cambio. Tal vez se necesita una estrategia distinta, o que el comportamiento o las competencias de los empleados cambien o se actualicen. La lista sigue.

En resumen, la situación, tal como está ahora, tiene que cambiar. Y es la dirección la responsable de alcanzar estos objetivos, aunque los empleados estén incluidos y afectados de todas las maneras posibles. Lo que significa que la comunicación es crucial, a menudo con un rol creado específicamente para este propósito. Si lo que tiene que cambiar es, en realidad, el síntoma de otra cosa (lo que casi siempre es así), entonces, cuando la presión desaparezca, todo volverá a revertirse a la situación inicial. Por lo que, si la dirección desplaza su atención a otra parte, una vez el cambio deseado parece haberse afianzado, entonces un equipo, un proceso o un producto, cae de nuevo en la situación anterior. Y probablemente, los informes sobre el éxito del cambio magnifiquen los progresos de manera considerable. Pero, en esencia, todo vuelve a ser como era antes.

Cambiar	Mudanza
Lo de ahora tiene que ser distinto	**Liberar lo que está bloqueado**
El resultado es el objetivo	El resultado es la consecuencia
El resultado es, en el mejor de los casos, lo que querías	El resultado es mejor / más valioso de lo esperado
Es iniciado y guiado por la dirección	No existe un lugar fijo desde donde se origina el movimiento
El sistema vuelve fácilmente a la (aproximadamente) situación anterior.	El sistema se ha transformado en algo nuevo
Requiere de concentración y perseverancia	Ocurre rápidamente y sin esfuerzo, siempre que se produzca la intervención adecuada

Cómo te preparas y qué preguntas formulas constituye la base de las Preguntas que Mueven. Cuanto mejor te prepares tú, más puede mover la pregunta. Espero que este libro te desafíe. Que te desafíe, a través de la pregunta que formules, a intervenir de una manera que te haga avanzar. A formular preguntas de las que no sepas necesariamentedónde te llevarán. Preguntas que no simplemente refuercen tu visión del mundo, sino que abran un mar de nuevas posibilidades.

En el capítulo "Calentando" aprenderás más acerca de los conceptos básicos que sustentan método de las Preguntas que Mueven. Conceptos que ofrecen mejores respuestas que las que ofrecen los marcos de pensamiento tradicionales a los problemas con los que nosotros — sociedad, organizaciones, personas — tenemos que tratar. El segundo capítulo explica cómo prepararte internamente, cómo prestar atención a tu estado interno. Y qué efectos tiene hacerlo. Esta es una parte esencial de las Preguntas que Mueven. Si no te preparas internamente, tu Pregunta que Mueve no será más que una Buena Pregunta. Y no hay nada de malo en ello, pero probablemente no es la razón por la que estás leyendo este libro.

En el capítulo 3 encontrarás una serie de Preguntas que Mueven ya formuladas. Todas esas preguntas pueden ser usadas tanto en tu vida profesional como personal. En el capítulo 4, aprenderás a crear tus propias Preguntas que Mueven y aprenderás sobre su sintaxis: cómo se construyen las Preguntas que Mueven y qué elementos las conforman.

Para poder dirigir tus preguntas de manera efectiva, es importante saber de dónde surgen. Por qué estás formulando precisamente esa pregunta específica. El capítulo 5 lo explicará. El capítulo extra te explica más cosas acerca de las leyes sistémicas.

Una vez domines el trabajo con las Preguntas que Mueven, no dejes de utilizar todo aquello que ya sabes ahora y que ya puedes usar. No descartes nada. Aprovecha todo lo que ya tienes. Si lo que lees se contradice con lo que ya sabes, no dejes que estos dos conocimientos se peleen entre sí, sino invítate conectarlos a ambos. Crea tu propio chocolate con chile (¡una combinación inesperadamente deliciosa!). Crea una combinación que genere algo totalmente nuevo, algo que previamente no existía.

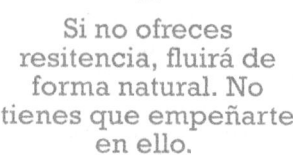

> Si no ofreces
> resitencia, fluirá de
> forma natural. No
> tienes que empeñarte
> en ello.

Tampoco tienes que esforzarte mucho al leer este libro. No tienes que recordar nada. Ni reportar nada. Simplemente relájate, lee y deja que el contenido entre por sí mismo. Si algo es valioso, no desaparecerá sin más. Si vuelves a leer este libro dentro de unos meses, lo más probable es que descubras cosas muy diferentes. Y esto se deberá al movimiento que tú mismo habrás hecho durante ese período.

No leas demasiado rápido. Tómate un descanso tras cada capítulo. Experimenta con lo que acabas de leer. Para ello, puedes utilizar los ejercicios que se proponen al final de cada apartado. ¡Siéntete con la libertad de comprobar si lo que yo he escrito es cierto!

Finalmente, ¡no puedes hacerlo mal! Todo lo que estás haciendo es simplemente formular una pregunta. En voz alta a alguien, o en silencio a ti mismo. Eso es todo. Una pregunta a modo de invitación. Invitación a explorar el mundo. El mundo de la pregunta, el mundo de la respuesta, o tal vez, algún otro mundo completamente nuevo.

Siets Bakker

Si no ofreces
resitencia, fluirá
de forma natural.
No tienes
que empeñarte
en ello.

Capítulo 1

Calentando

Preguntas que Mueven   Siets Bakker

1   Calentando

¿Qué ocurre cuando una pregunta realmente mueve? ¿Si realmente da en el clavo, permitiendo la movilización? ¿Qué hace que una pregunta "mueva"? Las respuestas a una Pregunta que Mueve van más allá de la pregunta en sí. Este capítulo describe los conceptos que hay detrás de las Preguntas que Mueven. Conceptos que te ayudarán a dirigir tus preguntas de forma efectiva. Como hacer estiramientos antes de empezar a hacer ejercicio, ¡estás calentando para formular Preguntas que Mueven!

Movimiento

Las Preguntas que Mueven hacen que algo se mueva. Aflojan algo que estaba atascado. Incluso cuando no sabes que está atascado. O que hay otro atasco anterior a ese. Algo que puede ser tan familiar, que ni siquiera se te ocurre que podría estar atascado. O que se puede desatascar. Pero que haya movimiento, que algo fluya, es la manera natural de ser.

Lo más grande que conocemos está en constante movimiento. Y lo más pequeño también.

Eso más grande es el Universo. Los planetas y los sistemas solares giran, implosionan, explosionan,... ponle el nombre que sea. Los planetas y los sistemas solares no sólo se mueven, también responden entre sí. Nuestras mareas son debidas a un tirón de la Luna (y también a un leve tironcito del Sol) sobre la Tierra. Una conexión que causa el movimientode la masa de agua de la Tierra. Dependiendo de la naturaleza de esa conexión, experimentamos reflujos o inundaciones.

No sabemos exactamente cómo funciona, pero a eso que sabemos, en el mundo de la ciencia se le llama astronomía.

Lo más pequeño que conocemos también está en constante movimiento. Un átomo está formado por protones, neutrones y electrones. Los electrones giran en celdas alrededor de los protones y los neutrones siguiendo sólidos patrones. Los electrones están constantemente intercambiándose con otros átomos. De nuevo, no sabemos exactamente cómo funciona todo esto, y constantemente se están realizando nuevos descubrimientos. Sobre objetos todavía más pequeñas. Que se mueven mucho más rápido. Todavía no sabemos si son partículas, u ondas, o ambas cosas a la vez, o incluso ninguna de ellas. Sin embargo, lo que sabemos, pertenece a la ciencia de la física.

Si lo más grande y lo más pequeño están en constante movimiento, y tienen todo tipo de interconexiones, es lógico pensar que todo lo que haya en medio también se mueve continuamente, y que todas sus interconexiones juegan cierto papel. Y, de nuevo, no estamos seguros de cómo funciona exactamente todo esto. Pero hay algo que si sabemos, y eso lo llamamos conocimiento sistémico. El conocimiento sistémico no es una ciencia como la astronomía o la física. No se ha desarrollado a partir de la investigación, sino a partir de la fenomenología. La fenomenología es observar las cosas exactamente tal como se manifiestan. Y este conocimiento sistémico se ha desarrollado en base a estas observaciones. Esto sirve también como origen de las Preguntas que Mueven. La sintaxis de las Preguntas que Mueven, tratada en el capítulo 4, se describe en base a experiencias con preguntas que fueron efectivas al liberar algo que estaba atascado.

El tipo de movimiento del que estamos hablando aquí nunca es forzado. No hay presión. Y como nada es forzado, no hay necesidad de descansar. El movimiento no cuesta energía. Esta es la manera en que las cosas funcionan naturalmente.

Existe otro tipo de movimiento. El de no-parar. El de seguir adelante. Este movimiento tiene un origen y un carácter muy distintos. Te agota. Y tiene el mismo efecto que la apatía. Ya estés tumbado en el sofá jugando con los videojuegos o haciendo zapping, o estés corriendo de una cosa a otra como un loco, el efecto es el mismo: te sientes vacío. Aunque la manera en la que llenas este vacío sea distinta. Este movimiento no es sostenible. Te agota. Tarde o temprano, la energía se agota y el movimiento se detiene.

Capítulo 1   Calentando

El movimiento, desde un estado natural, es un movimiento que es sostenible. Las Preguntas que Mueven trabajan con estos movimientos naturales. Notarás que las cosas te cuestan menos energía a medida que te vayas volviendo más hábil al trabajar con las Preguntas que Mueven. Porque serás cada vez mejor en el uso del movimiento natural.

De la misma forma que los movimientos del Universo y los de un átomo no son aleatorios, sino que siguen ciertas leyes, igual lo hacen las personas, las familias y las organizaciones. Una abuela que se comporta como si fuera la madre de su nieto causa problemas. Porque esto va en contra de las leyes del orden. Cuando un gerente no permite a su equipo discutir sobre un error, esto causa problemas, porque desafía la ley de inclusión. Si alguien hace algo por ti y luego ignora tus agradecimientos, esto causa malestar. Porque esa persona desequilibra la ley del intercambio. En el capítulo extra, puedes leer más acerca de estas leyes. Como información adicional. Ya que no es necesario que conozcas los entresijos de estas leyes para poder trabajar con las Preguntas que Mueven.

Lo que sí tienes que saber es que, al obstaculizarse las leyes, se limitará el movimiento. El fluir natural está obstruido. Parte de la energía que normalmente mantiene las cosas en movimiento, es secuestrada para bloquear algo. Quedarse quieto, estar atascado, cuesta mucha energía. Porque el estado natural es el movimiento. Lo más grande y lo más pequeño que conocemos está en movimiento. Así que todo lo que está en medio también.

Si el movimiento es
algo natural,
permanecer quieto
cuesta energía.

> Un ejercicio muy habitual para mantenerse en forma es el de la plancha. Es muy sencillo: te tumbas en el suelo sobre tu panza. Te empujas hacia arriba extendiendo tus brazos y te mantienes en esa posición. Sin moverte. Y te mantienes así durante 60 segundos.¡Siente cuanta energía te cuesta mantenerte quieto!

Si el movimiento es más natural que el quedarse quieto, todo lo que tienes que hacer para resolver un problema es descubrir allí dónde las cosas no se están moviendo. ¿Dónde hay algo que no fluye naturalmente? Es como tocar una pompa de jabón. Explotará en cuanto la toques. Como cuando estás haciendo la plancha en el gimnasio — un pequeño empujón es todo lo que necesitas para interrumpir la "inercia". Las Preguntas que Mueven son esos pequeños empujones. Que hacen explotar los problemas.

Otro formato para proporcionar estos pequeños empujones son las constelaciones. Las constelaciones sistémicas. Este es el método más ampliamente conocido, y el que nos ha proporcionado la mayor parte de nuestro conocimiento sistémico. Una constelación crea movimiento al organizar las conexiones de una manera distinta. Las Preguntas que Mueven usan las mismas fuentes de conocimiento que las constelaciones sistémicas.

Para poder dar un empujón con las Preguntas que Mueven, no tienes que conocer exactamente cuál de las leyes sistémicas está causando la obstrucción en el fluir natural. No hay necesidad de analizarlo o investigarlo. Porque con las Preguntas que Mueven, todo lo que tienes que hacer es formular una pregunta.

Conexión

Las cosas más grandes y las más pequeñas no sólo están en constante movimiento, sino que también están conectadas entre sí. Los sistemas solares, los planetas y las lunas, reaccionan entre sí. Y estas reacciones exigen algún tipo de conexión entre ellas, de la forma que sea. Los electrones de los átomos también están conectados: son atraídos por los protones. Interactúan con otros átomos e intercambian electrones.

A nivel físico, tú también estás hecho de conexiones. Todos tus órganos están conectados. No hay ninguna parte de tu cuerpo que no esté conectada a otra parte. Sin esas conexiones, tu cuerpo no podría existir, no realizaría ninguna función.

El cerebro humano tiene cerca de 100.000 millones de células nerviosas. Estas células nerviosas, o neuronas, están conectadas entre sí mediante unos tubos alargados, o axones. Juntas, las neuronas forman un sistema. Las neuronas se comunican entre ellas a través de los axones, enviando y recibiendo información de una parte del cerebro a otra. Sin estos axones, las neuronas no podrían intercambiar información. En casos de demencia, un gran número de axones se descomponen. El intercambio ya no puede tener lugar. La información Ya no es accesible y parece que ya no exista.

> Un canal de YouTube sin subscriptores. Una cuenta de Facebook sin seguidores. Un perfil de Linkedin sin conexiones. Todos ellos igualmente inútiles.

Todo está conectado.
Lo que no está
conectado, no existe.

Las conexiones entre las personas también son un requisito para la existencia. Los bebes a los que se les toca mucho, tienen muchas conexiones, son más sanos, emocionalmente más equilibrados, y con menos tensión. La piel contiene células sensoriales muy sensibles. Cuando se toca la piel, un impulso viaja siguiendo su recorrido por distintos nervios, a través de la médula espinal hacia el cerebro, produciendo endorfinas. Las endorfinas activan procesos de curación, estimulando el sistema inmunológico, la digestión y el metabolismo. Sin estas conexiones físicas, una persona se iría debilitando progresivamente.

Y también hay más tipos de conexiones. La conexión con el lugar de dónde vienes, es una de las importantes. Tanto biológicamente, como psicológica y emocionalmente. Los hijos adoptados hablan a menudo de sentirse "amputados" de su familia biológica. Las conexiones psicológicas y emocionales están ligadas a dónde y a cómo creciste. Por muy positivo o negativo que fuera, siempre lo reconocerás, profundamente en tu interior, como tu hogar.

> A menudo, los gemelos tienen una conexión muy especial. Todos los gemelos han tenido la experiencia de, estando en un lugar distinto al otro gemelo, haber sentido lo mismo. O que casualmente se hayan comprado la misma ropa, e incluso que la lleven puesta el mismo día. Esta conexión trasciende la conexión física.

Cuando se trabaja con las Preguntas que Mueven, se usan las conexiones de dos maneras distintas. En primer lugar, te aseguras de prepararte cuidadosamente para aquello con lo que estás conectando en ese momento. Para tener una presencia cualitativamente sólida. Leerás más acerca de esto en el capítulo 2. En segundo lugar, tu Pregunta que Mueve te permite, a menudo, ser consciente de aquello a lo que la otra persona está conectada en ese momento. Si sabes a qué está conectado alguien en una situación concreta, entonces tú también puedes conectar con eso. Encontrarás más información sobre esto en el capítulo 5.

Lo visible y más allá de lo visible

La mayoría de métodos para formular preguntas están diseñados para obtener más información sobre aquello que es visible. Para resolver cosas. Una Pregunta que Mueve es diferente, porque se dirige a aquello que no es visible. A aquello que no sabes o que no puedes observar. Al movimiento y a la conexión. A cosas que están ahí, que puedes sentir, pero que no puedes ver.
Que algo no sea visible, no significa que no exista, sino solamente

que tú no puedes verlo. ¿Cuántas veces has tenido un presentimiento sobre algo? Sin ninguna razón, sin evidencias, has sentido que algo iba mal. O al contrario: que todo iba a salir bien, a pesar de lo que dijera la lógica o de las expectativas previas.
Las Preguntas que Mueven se centran en aquello que está más allá de lo visible. Ves las cosas y los hechos que ocurren en la superficie. Tu intuición surge de lo que hay más allá de la superficie, más allá de lo que se puede ver. Todo aquello que se manifiesta en la superficie, todo lo que ves, tiene su origen ahí.

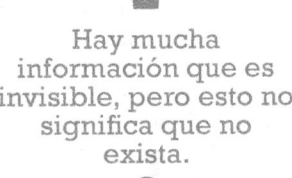

Hay mucha información que es invisible, pero esto no significa que no exista.

> Cuando te conectas a una red inalámbrica con la contraseña correcta, desde tu smartphone o desde tu tableta, tienes acceso a una cantidad infinita de información. Esto también es movimiento y conexión. El movimiento son las ondas de radio invisibles que se están enviando, la contraseña te da la oportunidad de conectar con ellas.

Una red inalámbrica es parecida a eso que está más allá de lo visible. No puedes verla o tocarla, pero existe. Y puedes usarla. Una Pregunta que Mueve es como una contraseña para esa red inalámbrica.

Directas

Las Preguntas que Mueven son, a menudo, muy directas. Te llevan más allá de lo que es visible. Lo que, a veces, puede ser doloroso. ¿Doloroso porque la otra persona toma consciencia de algo que desconocía a ese nivel? ¿O doloroso porque la otra persona cree que tú eres consciente de todo?

Al formular una pregunta de este tipo, debes atreverte a correr el riesgo de dejar de gustar a la otra persona cuando la oiga. O a que piense que eres alguien demasiado directo. Debes aceptar cualquier incomodidad que la otra persona proyecte sobre ti. Puede ser una historia con la que esté familiarizada por sus propios sistemas. En este caso, todo lo que tienes que hacer es seguir siendo tú mismo. No es necesario que te defiendas o que te expliques. Por esto es tan importante que te prepares bien internamente. Asegúrate de conocer las intenciones que hay tras la pregunta que estás formulando. Esto asegura que eres capaz de formular la pregunta de forma que tenga el potencial de desatascar lo que está atascado. Y eso, a veces, puede ser doloroso.

Cuándo usar las Preguntas que Mueven

No siempre, o únicamente, tienes que formular Preguntas que Mueven. En muchas situaciones, formular simplemente una Buena Pregunta es más que suficiente. Sigue usando todo aquello que ya sabes y que sabes usar. Las Preguntas que Mueven son una mejora de esto: todo lo que ya sabes se convierte en algo más valioso si le añades Preguntas que Mueven.

Utiliza Preguntas que Mueven cuando:

- el problema sea, en realidad, una solución para otra cosa
- haya repetición
- tu instinto te diga que lo hagas

A continuación, veremos estas tres situaciones con más detalle.

El problema es, en realidad, una solución para otra cosa

Un problema es, a menudo, un síntoma de alguna otra cosa. Lo que en realidad está ocurriendo está escondido bajo el problema. Funciona así: los sistemas (un equipo, una familia, una empresa) se comunican a través de síntomas. Los síntomas forman parte de lo que es visible. Son medibles. Tú mismo podrás encontrar varios ejemplos de esto. Los síntomas nos hablan de la salud del sistema. Cuando las cosas van bien, todo fluye, todo parece tener éxito. Cuando no van bien, todo necesita demasiado esfuerzo. Se vacila, cuesta mantener el foco, aparece la ineficiencia, se pierde potencial.

> La indecisión es una
> señal de que estás
> haciendo algo mal.

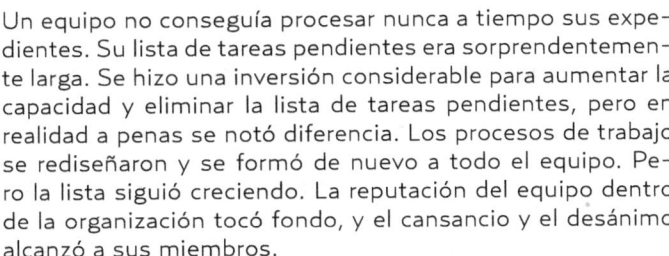

Un equipo no conseguía procesar nunca a tiempo sus expedientes. Su lista de tareas pendientes era sorprendentemente larga. Se hizo una inversión considerable para aumentar la capacidad y eliminar la lista de tareas pendientes, pero en realidad a penas se notó diferencia. Los procesos de trabajo se rediseñaron y se formó de nuevo a todo el equipo. Pero la lista siguió creciendo. La reputación del equipo dentro de la organización tocó fondo, y el cansancio y el desánimo alcanzó a sus miembros.

Cuando en alguna parte no hay posibilidad de movimiento, de poder fluir, esto va en contra de la lo que es natural. Algo no está bien en relación a las leyes sistémicas. El no fluir hace que las cosas se detengan y se bloqueen. Los síntomas son las consecuencias de esa obstrucción. En el reino de lo visible, experimentas el síntoma como el propio problema. Quieres resolver el problema, deshacerte de él. Pero no se trata del síntoma en absoluto. Porque el síntoma es, en realidad, una solución. Es el intento del sistema para que algo vuelva a fluir más allá de lo que es visible.

> Entonces, durante una jornada de trabajo fuera de la oficina, la verdad salió a la luz. Algunos años antes, dos experimentados colegas fueron despedidos sucesivamente, debido a graves errores que habían cometido. Inconscientemente, ninguno del resto de compañeros que quedaron se atrevió a aceptar la responsabilidad de tomar cualquier decisión relacionada con los expedientes que procesaban.

Una de las Preguntas que Mueven más usadas es: ¿Para qué este problema es, en realidad, una solución?

Utiliza las Preguntas que Mueven cuando sientas que no se trata realmente del problema que se ve, sino de algo que va más allá de eso, que algo distinto podría estar jugando un determinado papel.

Hay repetición

A veces, parece que hayas resuelto un problema sólo para que, poco después, emerja uno nuevo. Ese nuevo problema no es exactamente el mismo que el anterior, siempre es algo distinto, pero es de la misma naturaleza.

En este caso, el problema es un síntoma. No se trata del problema en sí. Si resuelves un problema que en realidad es un síntoma, entonces el sistema no puede hacer nada más que crear otro problema. O mejor dicho, otro síntoma. Porque, más allá de lo que es visible, algunas de las leyes sistémicas no se están cumpliendo. Sólo cuando estas leyes son respetadas, todo vuelve a fluir de forma natural, y los síntomas dejan de ser necesarios.

La repetición te indica que estás ante un síntoma, y no sencillamente ante un simple problema. El problema se reproduce en lugares distintos, o sigue apareciendo en una forma ligeramente distinta.

> El equipo del proyecto tuvo un gran comienzo. Todos estaban comprometidos con la tarea; el equipo se había creado cuidadosamente con los profesionales adecuados. Había todo lo necesario para hacer del proyecto un éxito.
> Lamentablemente, las cosas empezaron a ir cuesta arriba rápidamente. Las reuniones quincenales no iban bien. La gente llegaba demasiado tarde, estaba mal preparada o no cumplía con los acuerdos establecidos.
> En una de las habituales jornadas de trabajo que se hacían fuera de la oficina, se llegó a acuerdos específicos que deberían haber ayudado a hacer las reuniones más efectivas. Se aumentó su frecuencia, y se asignó un asistente para gestionar la agenda del proyecto, la documentación y los acuerdos alcanzados. Funcionó bien durante dos semanas. Hasta que las reuniones se volvieron demasiado caóticas. Cada vez asistían personas distintas. "Es demasiado compromiso", fue la excusa más escuchada. El líder del proyecto decidió empezar a trabajar usando la metodología Scrum. Su rígida estructura ayudaría a mantener la disciplina. El primer sprint fue bien, el segundo razonablemente bien, pero a partir del tercer sprint, todo volvió a ir de nuevo mal.

¿Con qué frecuencia vemos que esto ocurre? No cumplir con los acuerdos es un síntoma habitual. Racionalmente son buenos acuerdos pero, por alguna u otra razón, no son cumplidos. Otro síntoma habitual es la rotación de personal. Rotación en un determinado puesto, o dentro de un equipo. El engaño y los pequeños robos también se encuentran entre los cinco síntomas más comunes que encontramos en las organizaciones. Llevarse a casa papel para imprimir, por ejemplo, o no fichar en las pausas, o trabajar desde casa, con mucha "casa" y no tanto "trabajo"Una buena manera de comprobar si algo forma parte de un problema recurrente, es preguntarte si es algo independiente, o si es parte de un todo más grande.

> Si un problema
> pertenece en
> realidad a otro lugar,
> entonces se repetirá.

Tú también creas tus propios síntomas. Si siempre preparas tu trabajo de manera precisa y cuidadosa, pero hay una tarea en particular en la que no lo haces, entonces esto es un síntoma de algo. Tal vez no seas la persona adecuada para esa tarea, tal vez no creas en el objetivo de esa tarea. No puedes entender exactamente qué es lo que está pasando, basándote solamente en un síntoma. Sabes que, si no te reconoces en una determinada actitud o comportamiento, lo más probable es que no se trate de ti, sino de un todo mayor del que eres parte. Además, no siempre es cierto que cuando observas una repetición, esto sea automáticamente síntoma de alguna otra cosa. Mantente siempre abierto a la posibilidad de que exista una coincidencia, para conservar tu observación pura y lo menos guiada por tus suposiciones posible.

Tu instinto te lo dice

Tienes una antena innata para detectar cuando algo no está bien. Que alguna cosa en realidad no tiene sentido. Es una sensación visceral. Hay algo en el aire. Te sientes sofocado. Toda esa información surge desde más allá de lo que es visible, y es captada por tu antena a través de esa conexión inalámbrica. Leerás más acerca de esta antena en el siguiente capítulo. Todo el mundo tiene una antena así. Así es como estamos hechos los humanos. No tiene nada que ver con querer que esté ahí, no tiene que ser creada o desarrollada. Simplemente está ahí.

Podrías escuchar a alguien decir que su antena no funciona. O que está apagada. Cuando en realidad, su antena ya no puede funcionar debido a experiencias que ha tenido en su vida, o porque en algún momento ha tomado la decisión de que no es correcto usar esa información.

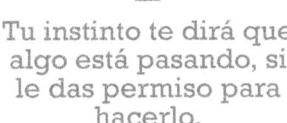

Tu instinto te dirá que algo está pasando, si le das permiso para hacerlo.

Usar tu instinto para obtener información desde más allá de lo que es visible implica ciertas condiciones. Tienes que estar de acuerdo en verlo todo. Internamente tienes que aceptar que todo lo que sea posible, sea lo que sea, está bien. Incluyendo aquello que tú no quieres ver, aquello que pueda parecer difícil o incluso aquello que parezca contradecir lo que quieres conseguir. Si no lo haces así, aíslas tu antena, pierdes tu capacidad de captar y, en el mejor de los casos, te conviertes en un pararrayos. Pierdes información crucial, ya que te mantienes en el campo en el que ya sabes lo que sabes. Podrás leer más sobre cómo funciona esto exactamente en la primera ley general del capítulo extra.

Preguntas que Mueven   Siets Bakker

Si el movimiento es algo natural, permanecer quieto cuesta energía.

Capítulo 2

Cómo crear tus
Preguntas que Mueven

Preguntas que Mueven   Siets Bakker

2   Cómo crear tus Preguntas que Mueven

Una pregunta puede generar un impacto enorme. Pero sólo parte de ese impacto se debe a la propia pregunta. Si leyeras esa pregunta en un pedazo de papel, impactaría mucho menos. Y eso, ¿por qué? Tiene que ver con todo lo demás que hace la persona que formula la pregunta. Con el cómo te sientes invitado a encontrar una respuesta por quien formula la pregunta. Y de esto trata este capítulo. De lo que tienes que hacer, como persona que formula la pregunta, para invitar a la otra persona a encontrar una respuesta. O a dejarse encontrar por una respuesta.

Una pregunta que mueven empieza cómo tú, como persona que pregunta, te prepara.

La calidad de tu presencia

La manera en la que tú estás presente, crea el marco para aquello que puede ser posible. Crea lo que llamamos el "bedding", el

contexto a nivel de lo que está más allá de lo visible. Como si, a un cierto nivel, estuvieras marcando las reglas del juego. Lo que hace que tu pregunta "mueva". El "bedding" es todo aquello que es y que forma parte de ese contexto, en ese espacio y en ese momento concreto, y que lo determina desde más allá de lo que se ve. Sin esta calidad en la presencia, esa pregunta no es más que una Buena Pregunta.
La próxima vez que salgas a cenar, presta atención. ¿Qué bedding se ha preparado para ti como invitado? ¿A qué estás siendo invitado? ¿A una suntuosa cena? ¿O a una velada de charlas y risas con unos buenos amigos? El bedding visible lo proporciona el menú y todo lo que lo rodea. El bedding que está más allá de lo visible lo proporciona el equipo de camareros de sala. Cómo se comportan y cómo se comunican contigo, determina si el menú, y todo lo que se ha preparado a su alrededor, se convierte efectivamente en realidad.

Tu creas un bedding de acuerdo al contexto. Ya sea una presentación, una discusión, una negociación, o una reunión. El bedding que preparas en base a la calidad de tu presencia, determina lo que es y lo que no es posible.

> Los dos campos de fútbol estaban contiguos, uno al lado del otro. En ellos se estaban disputando sendos partidos entre niños de 8 y 9 años. Los árbitros, niños de 13 años, acababan de empezar la escuela secundaria. En el campo de la izquierda, el partido era tosco. Con muchas faltas y empujones. El silbato del árbitro sonaba fuerte y agudo. Los padres, situados a lo largo de la línea que limitaba el terreno de juego, gritaban más fuerte y más a menudo que los padres del campo de la derecha. El partido en este otro campo parecía discurrir de forma más tranquila y agradable. El silbato del árbitro sonaba claro. Los padres aplaudían también las buenas jugadas del equipo contrario.
> En el descanso, el entrenador de ambos árbitros explicó la diferencia: *"Él (el árbitro del campo de la izquierda) no está completamente presente. Está enamorado, y esta noche tiene una cita".*

Capítulo 2 Crea tu Pregunta que Mueve

Trabajar con Preguntas que Mueven significa crear un buen bedding para una respuesta. Haz esto, y tendrás el potencial de cambiar el mundo de la otra persona. O la manera en la que experimenta el mundo. Si el bedding es poco adecuado, la otra persona se sentirá menos segura para rendirse a las posibilidades de la pregunta. Si el bedding es generoso, la otra persona se atreverá a dejarse llevar más rápidamente.

Imagina que tienes una cita con el médico. Estás algo nervioso. El médico te dice que te sientes y lee lo que su auxiliar ha escrito en la agenda como motivo de tu visita. Te hace unas preguntas concretas sobre tus síntomas y teclea tus respuestas en su ordenador. ¿Cuán amplio es el bedding? ¿El médico percibe tus nervios? ¿Qué podría hacer el médico para mejorar ese bedding? Imagina que, al llegar, te hubiera recibido cálidamente, que te hubiera mirado a los ojos. ¿Cuál hubiera sido el efecto sobre tus nervios?

¿Por qué porcentaje estás presente?¿Qué pasaría si estuvieras más o menos presente?

Lo mismo sucede durante un curso de formación, o en una reunión de trabajo. Una persona que está constantemente mirando su teléfono durante una presentación, o durante una reunión, no está realmente presente. El placer de poder aprender o discutir cosas juntos, disminuye para todos. Las conclusiones de la reunión no son tan buenas como podrían serlo. El bedding es inferior a lo que era potencialmente posible.

Para formular Preguntas que Mueven, la calidad de tu presencia debe ser alta. Mantener un elevado nivel de presencia puede ser, también, muy valioso en otras situaciones. Y siempre tienes la capacidad de influir en la calidad de tu presencia: ya sea sentado en la mesa con tu familia, realizando una sesión de consultoría, o siguiendo un curso de formación on-line. Es como si la calidad de tu presencia aumentara el potencial de aquello que es posible.

Cuando la calidad de tu presencia es alta, te conviertes en una especie de membrana. Una membrana a través de la que todo puede fluir. En el sentido de que tú capturas información, la registras, y la dejas ir de nuevo. No es un filtro, no es necesario dejar nada atrás. Permites que la información te atraviese y tú decides qué hacer con ella.

Resuenas con todo lo que está ahí. Lo cual, por cierto, no es nada nuevo. Lo haces a menudo. Cada vez que tienes una intuición ante una posible inversión importante. La primera vez que entraste en tu nuevo trabajo, e inmediatamente te sentiste como en casa. Cuando algo te dice que vuelvas a comprobar las puertas y, al hacerlo, descubres que una de ellas no estaba cerrada con llave. Esta información viene de algún sitio. Si estás alerta estás "conectado", eres capaz de recibir dicha información y poder hacer algo con ella.

Que esto pueda funcionar, y funcione, no es algo que yo o nadie más haya inventado. Siempre ha existido, en cada uno de nosotros. Es una cualidad innata: algo con lo que has nacido.

Para aprovecharlo. A pesar de que la cultura, la religión o tu educación, puedan haber desalentado su uso. O incluso puedan haberlo prohibido. Explora por qué verdad optas tú. ¡Espero que escojas una que te funcione y que te aporte lo mejor!

Aumentas inmediatamente la calidad de tu presencia si:

- usas tu antena
- puedes minimizar tu intención
- permites que los silencios formen parte de la respuesta
- estás libre de miedos y de juicios

Lo mismo aplica para la persona a la que formulas la pregunta. Cuanto más alta sea la calidad de su presencia, más lejos podrán llegar las respuestas. Alguien con una presencia de baja calidad, reduce la calidad del bedding para su respuesta. Y viceversa: cuando la otra persona tiene una presencia de calidad elevada, entonces el bedding para la respuesta aumenta automáticamente. Con este bedding puede generarse tanto movimiento natural, que la respuesta emerge por sí misma. Lo que significa que la persona es encontrada por la respuesta.

El siguiente párrafo explora más profundamente cada uno de los elementos que permiten una presencia de alta calidad. Cuantos más elementos puedas usar de manera simultánea, más elevada será tu presencia.

> **¡Practica!**
>
> Ponlo en práctica: Escoge una acción que normalmente realices en modo "piloto automático". Por ejemplo, pagar en la caja del supermercado. Conéctate. Sonríe, establece contacto visual y asegúrate que a lo único que prestas atención es a lo que estás haciendo en ese momento. Di "Hola" con una voz clara. ¿Cuán diferente es ahora la respuesta? ¿Cuál es la calidad de la respuesta de la otra persona?

Usa tu antena

Las respuestas pueden tomar muchas formas. Las palabras son tan sólo una de ellas. Lo complicado de las palabras es que son limitadas y asociativas. Por ejemplo, intenta explicar con palabras lo hermoso que fue un sueño. Es como si, con cada palabra, el sueño se fuera erosionando un poco más. O si has comido algo delicioso, ¿cómo se lo describirías a alguien? Las palabras no bastan. La segunda limitación de las palabras es que no todos dan el mismo significado a las mismas palabras. Lo que es fuente de muchos conflictos.

> Durante una reunión de evaluación del desempeño, el jefe de Lars le dijo que debía asumir más responsabilidad. Lo que Lars entendió fue: *"Debo trabajar de manera más independiente, al parecer consulto demasiado a los demás y debo hacerlo menos"*. Lo que el supervisor le quiso decir en realidad fue: *"Lars tiene experiencia, pero aún no se siente seguro. Confío en él"*.

Las palabras son sólo una forma de respuesta. Si sólo prestas atención a las palabras, te pierdes la información que pueden proporcionarte otras formas: la información que detectas con tu antena. Todos tenemos una antena finamente sintonizada. Esa antena capta la información y la traduce en forma de reacciones físicas.
Probablemente has tenido la experiencia de tener una reunión, una cita o un encuentro a laque fuiste fresco y radiante. Y durante esa reunión sentiste dolor en la cabeza. O en el estómago. O en la espalda. O, de repente, te sentiste muy cansado. Esas son señales que te da tu cuerpo. Tu cuerpo te dice que algo está pasando. Si empiezas una reunión descansado y alegre, y durante la conversación te empieza a doler la cabeza, el paracetamol es la peor solución que puedes plantearte. Porque ese dolor de cabeza no es algo químico, sino energético. Tu cuerpo reacciona a algo que está más allá de lo que es visible.
Puedes compararlo con las ondas sonoras. Los perros oyen frecuencias que los humanos no podemos registrar. Tu cuerpo responde a frecuencias que están más allá del alcance de tu mente. Así que evita el paracetamol, ya que sólo adormece tu antena. Pregúntate qué estápasando que pueda causarte ese dolor de cabeza.
    Todo el mundo tiene esta antena. Pero no todo el mundo la usa. Algunos han olvidado que la tienen, otros la encuentran demasiado etérea y no confían en ella, y otros ni siquiera saben cómo escuchar a su cuerpo. O lo han olvidado, ya que los niños no hacen otra cosa que escuchar lo que su antena les dice. Especialmente los niños pequeños. Ellos apenas han tenido tiempo para "desaprender" a usarla.

Todo el mundo tiene
una antena. Esa
antena captura
información
automáticamente.

Tu cuerpo, tu sistema, puede sintonizar fácilmente con otros sistemas que son importantes para ti. Estableciendo entre ellos una especie de frecuencia wifi. De forma automática e inconsciente. Una conexión inalámbrica bidireccional que constantemente envía y recibe información. Si conoces la contraseña correcta, entonces sintonizas, estás conectado. No la ves, pero está ahí.

Al trabajar más allá de lo visible, no existen reglas fijas sobre lo que significa una reacción física. Por lo que, cuando alguien cruza sus brazos, no puedes decir: *"muestra una postura cerrada, así que está cerrado"*. No interpretas ni buscas explicaciones. Trabajar con preguntas que van más allá de lo visible no consiste en las respuestas. Consiste en el proceso que se desencadena para liberar lo que está atascado. Para crear ese movimiento.

Cuando trabajas con Preguntas que Mueven no tienes que interpretar las respuestas físicas ni quererlas relacionar con algo. Tener la necesidad de hacerlo, a menudo dice más acerca de ti que de la otra persona. Primero investiga en ti qué es lo que te genera esta necesidad de interpretar algo. Con tu interpretación, ¿estás intentando dirigir la conversación en una determinada dirección, o quieres comprobar si tienes razón? ¿O quieres ayudar a la otra persona a que le ponga palabras a su proceso? ¿O tienes alguna otra necesidad? Cuanto más interpretes, más se reduce el espacio en el que la conversación pueda tener lugar. El bedding disminuye. Si quieres hacer algo con este impulso, comparte simplemente tu observación: *"Vaya, ese suspiro ha sido profundo"*. O *"cada vez que hablamos acerca de tu trabajo, veo que aprietas tus puños"*.

A veces, alguien dirá: *"¡Eh! Esto no me hace sentir bien"*, *"No me siento cómodo"*. Esto es algo demasiado vago, y no es la mejor manera de manejar la información corporal. Ante esto, ¿cómo puedes responder tú, como compañero de conversación? Ya que, o eres retenido como un rehén (tienes que asegurarte de que la otra persona se sienta bien), o tienes que ignorarlo (este "sentirse incómodo" le pertenece a la otra persona). En cualquier caso, ninguna de las dos opciones es una solución constructiva.

En lugar de eso, intenta preguntar, *"¿Qué estás experimentando?"* Y obtendrás este tipo de respuestas: *"Desde que hemos empezado a hablar de esto, me duele la cabeza"*. O *"Cuando dices esto, pierdo toda mi energía"*. Esto permite que la conversación — y el espacio existente para la conversación — permanezca abierta. Tienes información valiosa que te abre la oportunidad para seguir explorando. *"¿Hubo otras personas que experimentaron lo mismo? ¿O tal vez lo contrario? ¿Qué marca la diferencia?"* Esto te lleva directamente más allá de lo visible, y descubres dónde se encuentra el atasco.

> *"Esto me genera ansiedad"*, dijo Ann. Su supervisor le había pedido que preparara una presentación sobre las cifras de ventas de una nueva línea de productos para la próxima semana. *"Esta ansiedad ¿tiene que ver con tu carga de trabajo, o con el contenido de la presentación?"* preguntó el supervisor. *"Con la presentación"*, contestó Ann sin dudar. A continuación, tuvieron una breve conversación sobre el contenido de la presentación. *"El propósito de la presentación es el de proporcionar una actualización completa y honesta a la dirección. Sobre lo que está yendo bien y también sobre lo que no está yendo bien"* dijo el supervisor. *"Esto me alivia"*, dijo Ann. *"Ahora ya puedo empezar a trabajar en ello"*.

También puedes hablar de tu propia experiencia física, de lo que te ocurre a ti cuando formulas una pregunta: *"Cuando he formulado la pregunta, he sentido calor. Desde la parte baja de mi espalda hasta mi cuello"*. Describe tus observaciones y experiencias de la forma más objetiva posible. No uses metáforas; describe exactamente lo ocurrido. Evita las exageraciones. Di *"He sentido calor"*, mejor que *"He sentido muchísimo calor"*. Cuanto más objetiva sea la información sobre tu reacción física, más fácil será para la otra persona aceptarla.
Una vez retoméis la conversación, asegúrate que no trata sobre ti. No respondas a preguntas sobre tu experiencia física. La razón por la que la compartiste fue para contribuir a la conversación.

> **¡Practica!**
>
> Ponlo en práctica: Registra durante un día el vocabulario de tu cuerpo. ¿Qué tipo de reacciones muestra tu cuerpo? No tienes que opinar sobre ellas, o darles un sentido. Todo lo que tienes que hacer, como ejercicio, es registrarlas. Anótalas. Si esto ha ido bien, puedes ir un paso más allá.

> Explora qué hace que tengas una determinada reacción. ¿Se te eriza la piel de gallina cuando se toca un tema esencial? ¿Sientes calor cuando hay algo que no se dice? ¿Te sofocas cuando algo parece inalcanzable? De esta forma, construyes tu propio vocabulario y creas una fuente de información adicional y fiable.

Deja a un lado tu intención

La segunda cosa que puedes hacer para aumentar la calidad de tu presencia, es dejar a un lado tu intención, tanto como puedas. Tu intención es lo que planificas y lo que quieres lograr. Tu objetivo. Eso es lo que tú quieres. Reduce el volumen de tu intención tanto como sea posible. Al hacerlo, se crea un espacio en el que todo es posible. Un espacio que puede ser percibido por la antena de la otra persona. Inconscientemente.

Lo más poderoso es que tu única intención sea formular la pregunta. Que no te importe lo que ocurra después. Que apenas te importe si hay una respuesta o no. Que el contenido de la respuesta no sea lo más importante. Que no importe que la respuesta que se pueda dar hoy sea muy distinta ala que se dio ayer, o a la que se dará mañana. Esta es la mejor fórmula para dejar a un lado tu intención.

Para hacerlo, puedes empezar comunicando tu intención. Diciendo cuál es tu objetivo. En voz alta: "*Tengo algunas ideas y soluciones, pero primero quisiera hacer algunas preguntas para averiguar qué otros factores están involucrados. Factores que están ahí, pero que no son visibles*". Es reduce inmediatamente las "*interferencias en la línea*" y empieza a dar forma al bedding. Haciendo esto, te mantienes tan abierto como sea posible para iniciar un movimiento. Permitiendo que aquello que se ha atascado pueda soltarse.

Hay una condición importante a la hora de expresar tu intención. Tienes que ser 100 % honesto. Si la otra persona duda de la integridad de tu intención o si su antena se desconecta, entonces reduces el espacio en lugar de expandirlo.

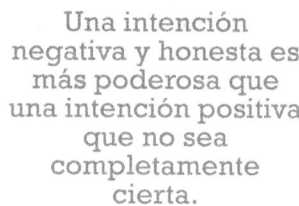

> Una intención
> negativa y honesta es
> más poderosa que
> una intención positiva
> que no sea
> completamente
> cierta.

Otra técnica para influir en tu intención es darle una dirección completamente distinta. Si estás en una conversación sobre ventas, no te centres en los datos de ventas, sino en la calidad de la conversación. Esto redirige tu intención y reduce su volumen.

Alejarse también es una técnica que influye sobre tu intención. Para alejarte, empiezas a partir de tu intención real. Quieres vender algo. Esta intención es tu punto central. Dibuja un círculo alrededor de ese punto; esa es la razón por la que quieres vender ese algo. Necesitas generar negocio: quieres recuperar tu inversión. Dibuja otro círculo; esta es la razón por la que quieres recuperar tu inversión. Quieres recuperar tu inversión para probar que has hecho un buen producto. Continúa hasta que ya no estés conectado con la venta, sino con todo lo que hay tras ella. Esto puede requerir de cinco a diez círculos. Sabrás que has acabado cuando sientas que, dentro de ti, dibujas una gran sonrisa.

Descubrirás rápidamente tu habilidad en dejar a un lado tu intención. También descubrirás uno de sus beneficios inmediatos: ya no tienes que esforzarte tanto. Ya que, en vez de tener que sudar sangre para conseguir cualquier cambio y para convencer a la gente, estás generando movimiento. Un movimiento natural, automático. Un movimiento que empieza más allá de lo visible y que toma forma en lo visible.

> **¡Practica!**
>
> Ponlo en práctica: Expresa tu intención. Hazlo en la próxima sesión o reunión que tengas. Declara tus objetivos para esa sesión. Lo que quieres alcanzar. Y, si lo deseas, pídele a la otra persona que también exprese su intención. ¡Observa inmediatamente la diferencia en la calidad de la sesión, incluso antes de empezar con la agenda prevista!

El silencio como parte de la respuesta

A veces, tras una pregunta puede llegar un momento de silencio. Permítelo. *"La verdadera música es el silencio, y las notas no hacen más que enmarcarlo"* (Miles Davis).
Con las Preguntas que Mueven no tienes que demostrar que tienes razón ni convencer a nadie. Tampoco tienes que recopilar información o ponerla en determinada perspectiva. Todo lo que quieres es desatascar aquello que está atascado. Desencadenar el movimiento. Usas la pregunta a modo de intervención. Una pregunta con impacto. A veces, esto puede llevarte a silencios más largos de lo que estás acostumbrado.

> Cuando una pregunta produce un impacto, a veces la respuesta tarda más tiempo en llegar.

Con las Preguntas que Mueven sólo formulas una pregunta a la vez. Y esperas a una respuesta para esa pregunta. Otras técnicas para formular preguntas consisten en una serie de preguntas sucesivas. Esta es una técnica completamente distinta. Es una técnica que se centra en sacar a tu compañero de conversación de su equilibrio. Con las Preguntas que Mueven, quieres que tu compañero alcance su mejor versión. Esto te dará un acceso más fácil a la información que se encuentre más allá de lo visible.
Al sentirte incómodo con este silencio, rebajas inmediatamente la calidad de tu presencia. Encuentra una forma de sentirte totalmente cómodo con los silencios.

> Algunos colegios empiezan cada clase con unos minutos en silencio. El propósito del silencio es dar a los niños la oportunidad de reconectar con ellos mismos. De sentir quienes son y dónde están. Por ejemplo, escuchando su propia respiración. El silencio forma parte de la lección.

El estar cómodo con el silencio también se aplica cuando te haces una pregunta a ti mismo. La respuesta puede no ser siempre inmediata. O puede venir en varias capas. La primera respuesta emerge de la capa de la vida cotidiana. Piensas un poco más en ella, y llegas a la capa de tus percepciones. Dos días más tarde, inesperadamente, haces una nueva conexión, una que nunca antes habías visto. No te hagas demasiadas preguntas a la vez.
Si la persona a la que le estás formulando la pregunta no emite ningún sonido, no dice nada, esto no significa que no esté ocurriendo nada. Sólo significa que el procesamiento de la pregunta se lleva a cabo en silencio. Normalmente, el silencio tras una Pregunta que Mueve significa que la otra persona está explorando internamente nuevos territorios de posibles respuestas.
Hay una manera muy simple de saber si alguien está todavía dándole vueltas a tu pregunta, o si se ha desconectado de ella. Mírale a la cara. Cuando alguien está procesando información, puedes apreciar pequeños cambios en su cara. Una mueca en la comisura de los labios, un ligero arqueo de las cejas y, casi siempre, pequeños movimientos en sus ojos. Su cuerpo te muestra, sutilmente, que está trabajando duro para obtener una respuesta.

El silencio no es en absoluto incómodo para la otra persona, ni siquiera se da cuenta de ese silencio. Todo lo que tienes que hacer, como persona que formula la pregunta, es estar presente. Mantener la calidad de tu presencia. Esto también se aplica si trabajas con un equipo o con un grupo. Algunas personas sienten el silencio como algo muy incómodo. Y entonces quieren ayudar a la persona que está pensando. Contestando por ella, o formulándole más preguntas. En estos casos, sé muy explícito sobre cuando permites o no permites que esto ocurra.

Así que la otra persona sigue explorando, en silencio, la respuesta a tu pregunta. Lo ves en los pequeños movimientos de su cara. Y tú esperas, y esperas, y esperas. Puede que incluso te sientas arrastrado por cierto aburrimiento. Pero estás haciendo algo muy importante. A través de la pregunta, y de tu presencia, creas un entorno que sostiene y empodera a la otra persona para que encuentre una respuesta. Haces que el juego sea divertido. De hecho, sin el bedding que preparas, la otra persona ni siquiera podría ir en busca de una respuesta. Porque el espacio necesario para hacerlo no existiría.

Debes mantener una presencia de calidad muy elevada. Una en la que estés totalmente presente. No es necesario estar en permanente contacto visual, o estar mirando constantemente a alguien. Especialmente cuando las palabras tardan un tiempo en salir, el contacto visual puede ser demasiado. Puede parecer como si alguien estuviera permanentemente llamando a la puerta. "*¡Toc-toc, déjame entrar!*" Simplemente permanece sentado, respira en silencio y mira más allá de donde está la otra persona. Normalmente, los silencios no duran más de unos pocos segundos.

Sólo cuando la otra persona haya finalizado su búsqueda interna, volverá a conectar de nuevo contigo. Esta conexión puede venir acompañada de un profundo suspiro. O de ponerse de pie, o de cualquier otro movimiento físico. O puede aparecer la necesidad espontánea de tomar un café (¡una manera socialmente aceptada de ganar un poco de tiempo!). O, como ocurre más a menudo, puede que busque el contacto visual. Normalmente siempre recibirás el informe o el resultado del proceso por el que acaba de pasar.

Espera siempre a que la otra persona empiece a hablar. Es su turno. Formular Preguntas que Mueven significa que tú no tienes que esforzarte. Todo lo que tienes que hacer es estar presente.

Mantén siempre la calidad de tu presencia. También cuando escuches la respuesta. Se trata de la pregunta que formulas, no de la respuesta que obtienes. No necesitas la respuesta. La respuesta es para él o para ella.

¿Todavía te resulta difícil permitir que el silencio forme parte de la conversación? Se amable contigo mismo. No tienes que empeñarte en para aprender a hacerlo ¿Qué parte de ti tiene problemas con el silencio? ¿Es ese niño de doce años quien tiene miedo? ¿Es esa parte ambiciosa de ti que quiere lograr tanto? ¿Es...? Completa tú mismo la frase. Sin duda hay una buena razón para ello. No tienes que esconderla, ignorarla o cambiarla. A menudo ocurre que cuando investigas en esa razón, sin la intención de eliminarla, su significado cambia. Lo que antes te obstaculizaba, puede transformarse en el recordatorio de algo. Con todo el espacio para el movimiento que esto libera.

> **¡Practica!**
>
> Ponlo en práctica: Crea silencios deliberadamente. Acostúmbrate a ellos. Si alguien te pregunta algo, espera tres segundos a contestar. Comprueba cuánto puedes aguantar antes de dar una respuesta. Comprueba cuánto puede aguantar la otra persona. No disimules tu silencio moviendo la silla, tosiendo, mirando hacia otro lado, o utilizando cualquier otro truco. Crea un verdadero silencio. Uno con una calidad de presencia elevada. Descubre cómo ese silencio influye en la calidad de la conversación.

Libre del miedo y del juicio

Hay personas que siempre están plenamente presentes. Ya sea formulando preguntas, o haciendo cualquier otra cosa. Tal vez conozcas a alguien así. Hay algo interesante en su actitud básica sin que, a veces, ni ellas mismas se den cuenta: abordan cualquier situación sin miedo y sin juzgarla.

El miedo genera constricción. Cuando sientes miedo, tu cuerpo produce adrenalina y cortisol. Son las hormonas del estrés. Estas hormonas te preparan para luchar o para huir. No importa si el peligro es real o no. O si el peligro es físico o emocional. Ante la presencia del miedo, la supervivencia es siempre lo primero. Tu cuerpo y tu mente se preparan para lo peor. Esto hace que pierdas algunas de tus capacidades. Una parte de tu *"ancho de banda"* es consumida para la supervivencia. Incluso al formular una pregunta.

> En el concurso de televisión "Maestro", conocidas y no tan conocidas celebridades tienen que dirigir una orquestra. En su rol de directores, tienen que liderar la orquesta. Lo que sólo es posible con una calidad de presencia muy alta. Los preparadores hacen que los candidatos se sientan confortables con la pieza que tienen que dirigir. Ya que son absolutamente conscientes de que, si un director tiene miedo de la pieza, de la orquestra o de sí mismo, entonces lo que se escuchará no será música, sino sólo sonidos.

Si tienes miedo al formular una pregunta, o tienes miedo a la respuesta, automáticamente reduces la calidad de tu presencia. Quedas atrapado en lo visible y no puedes ir más allá. Produces sonido en lugar de música.

Cuando tienes miedo,
produces sonido en
lugar de música.

La manera más fácil de no tener miedo en tu vida, o al formular una pregunta, es estar convencido de que cualquier posibilidad que surja estará bien. Es parecido a poner a un lado tu intención. Cualquier respuesta, cualquier reacción, está permitida. Al fin y al cabo, simplemente estás formulando una pregunta.

Si obtienes una respuesta violenta, desagradable o incómoda, lo que se hace visible ya estaba ahí. Tu pregunta hace visible lo oculto, por lo que eso ya estaba ahí. No lo has creado tú con tu pregunta. A menudo, algo se vuelve mucho más manejable una vez se ha hecho visible. Un secreto es mucho más grande, y más pesado, mientras se mantiene secreto. Una vez es revelado, toda la energía necesaria para mantenerlo vuelve a estar disponible. Sí, es doloroso. Pero también es un nuevo comienzo. Igual que cuando tu pregunta libera algo que estaba atascado, haciendo visible aquello que estaba oculto.

El miedo que sientes cuando formulas una pregunta es, a menudo, una información útil en sí misma. Evidentemente, conectas con algo a través de la red inalámbrica del sistema.

Depende de ti hacer la pregunta que sabes que debe ser hecha. Pero no eres responsable de la respuesta, la respuesta pertenece a la otra persona. La persona a quien preguntas debe tener siempre la libertad de responder. Tiene todo el derecho a decir que no quiere o no puede responder a esa pregunta. Este es el momento de detenerse. Incluso si sospechas que queda algo por decir. Incluso si piensas que debería ser dicho. Incluso si sientes curiosidad. Con las Preguntas que Mueven, te detienes cuando la otra persona quiere detenerse. No preguntas más.

Si lo haces, el bedding se reducirá inmediatamente. Por lo general, se reduce demasiado. Y entonces te encuentras automáticamente al nivel de las Buenas Preguntas. Ya no podrás llegar más allá de lo visible, donde se genera el movimiento.

Puedes mantener la calidad de tu presencia no juzgando. Cuantas más opiniones tengas, más pequeño será el espacio para la respuesta. Las Preguntas que Mueven se centran en lo que está más allá de lo visible. Por lo que, en realidad, no tienes ni idea de dónde viene la pregunta, o cuánto espacio necesita. Y no necesitas saberlo. Si no juzgas, si no opinas, entonces todo es posible. Todo, incluso lo que hay más allá de lo que se ve.

¡No juzgar hace la vida mucho más fácil! No tienes que preocuparte por lo que tu opinión o tu juicio es en realidad, o a qué responde. No tienes que justificarlo. Ni defenderlo. Ni matizarlo. Todo eso ya no es necesario. Así, la atención y la energía disponible, puede usarse en todo momento para mantener la calidad de tu presencia tan alta como sea posible.

Sólo determinas tu opinión en el momento de tomar una decisión. ¡Tomar una decisión! Esto es necesario para poder realizar el siguiente paso. Usando la información proporcionada por las Preguntas que Mueven.

Trabajar (¡o vivir!) sin miedos y sin juzgar requiere de coraje y de honestidad. Ya sea formulando preguntas, o haciendo cualquier otra cosa. A cambio, lo que obtienes es mucho: tus observaciones son más nítidas y eres capaz de crear un bedding en el que mucho más es posible. Mayores resultados con menos trabajo.

> **¡Practica!**
>
> Ponlo en práctica: Reflexiona contigo mismo, en una intervisión con un grupo de colegas, o con un coach, acerca de cuando tienes miedo. ¿A qué tienes miedo cuando formulas una pregunta o realizas cualquier otra intervención? Explóralo sin querer resolverlo. Ese miedo forma parte de ti. Probablemente haya una buena razón para que exista. Explorar ese miedo reducirá su poder. Incluso puede convertirse en un recurso para ti. De la misma forma que cuando exploras el silencio.

Preguntas que Mueven   Siets Bakker

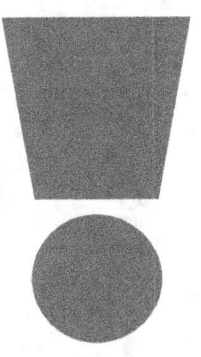

Cuando tienes
miedo, produces
sonido
en lugar
de música.

Capítulo 3

Preguntas preparadas para la mudanza

Preguntas que Mueven  Siets Bakker

3 Preguntas preparadas para la mudanza

Las Preguntas que Mueven se basan en dos elementos: cómo te preparas y qué pregunta formulas. Para ayudarte a empezar, este capítulo contiene, como ejemplos, muchas preguntas con el potencial de ser Preguntas que Mueven. Sólo el potencial. La calidad de tu presencia determina si alguna de estas preguntas puede convertirse en una Pregunta que Mueve.

Buenas preguntas que se hacen con frecuencia

Hay muchas Buenas Preguntas. Preguntas con las que se puede llegar muy lejos... en el reino de lo visible. Incluso pueden llegar a llevarte un poco más allá de lo visible. Si quieres obtener información concreta, factual, específica, entonces te resultará útil usar este tipo de preguntas, combinándolas eventualmente con Preguntas que Mueven.

Las buenas preguntas combinan bien con las Preguntas que Mueven.

Algunas de las buenas preguntas más habituales son:

- ¿Cuándo estarás satisfecho?
- ¿Cuál es tu objetivo?
- ¿Cómo te hace sentir esto?
- ¿Qué es lo que está yendo bien?
- ¿Qué te gustaría que fuera distinto?
- ¿Cómo crees que surgió este problema?
- ¿Y si todo fuera bien?
- ¿Qué es lo que necesitas?
- ¿Dónde estás ahora y dónde te ves en X años?
- ¿Cuál será tu primer paso? ¿Qué vas a hacer primero?
- Supongamos que ocurriera un milagro, ¿qué habría cambiado?

Este tipo de preguntas están orientadas al objetivo o a la solución. Se centran en lo visible. Lo cual funciona muy bien. Son Buenas Preguntas. Lo que es visible, se refuerza o se resuelve (en el caso que sea un problema) con este tipo de preguntas. Las preguntas buscan respuestas a nivel de los síntomas. Y si resuelves el síntoma, el sistema te da uno nuevo a cambio.

> Puede compararse con una madera que quieres pintar: lijas bien la superficie, usas los pinceles de mayor calidad y aplicas la pintura de la gama más alta. Pero si la madera está húmeda por dentro, la pintura pronto se desprenderá.

Como ya sabes, las Preguntas que Mueven se focalizan en una capa distinta, más allá de lo visible. Las Buenas Preguntas quieren provocar un cambio, mientras que las Preguntas que Mueven quieren iniciar un movimiento. Un cambio siempre tiene una dirección predeterminada. Un movimiento es más una liberación de energía, la liberación de algo que estaba atascado. Por tanto, las Preguntas que Mueven se centran en la causa de la situación actual. Dan por hecho que la situación actual es la mejor solución posible, hasta este momento. La situación actual es la mejor respuesta a un problema del pasado. En el futuro quieres que eso sea diferente. Las Preguntas que Mueven (así como otro tipo de intervenciones) ponen en movimiento respuestas a los problemas de ayer.

> Te arriesgaste y salió mal. Y tuviste que pagar el precio. Así que, a partir de ahora, tendrás más cuidado. Ya no quieres intentar nada nuevo hasta que estés seguro que saldrá bien. Pero, ¿qué ocurre si en el futuro quieres probar algo completamente nuevo? La precaución es una buena solución para ese problema del pasado. Y, a la vez, limita severamente tus posibilidades para el futuro.

¡Practica!

Ponlo en práctica: Escribe las preguntas que te gusta hacer y que formulas a menudo. O pregunta a alguien que te conozca bien que cite tus preguntas típicas. ¿En qué se centran esas preguntas? No es necesario que las descartes. Son tus preguntas típicas y probablemente las tengas porque te aportan algo a cambio.

Preguntas Genéricas

Las preguntas genéricas son un tipo de Preguntas que Mueven que puedes usar en casi cualquier situación ("casi", para incluir también la posibilidad de que no funcionen).

Las preguntas genéricas proporcionan información sobre el contexto. Conducen a respuestas que van más allá de lo visible. Algunas veces, formular una de estas preguntas es suficiente para resolver un problema. De repente, algo que contiene la solución se hace visible, o el problema, en sí mismo, cambia de forma tan significativa que deja de existir.

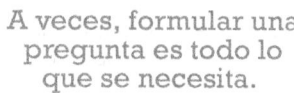

A veces, formular una
pregunta es todo lo
que se necesita.

Las preguntas genéricas que verás a continuación son preguntas arquetípicas. Preguntas prototipo. A partir de cada arquetipo, son posibles algunas variantes. Cuanto más cómodo te encuentres con las Preguntas que Mueven, y mejor entiendas los conceptos que hay detrás de ellas, más fácil será crear tus propias versiones de estas preguntas genéricas.

1ª pregunta genérica: ¿quién o qué no está siendo visto?

Esta es una gran pregunta para hacerte a ti mismo. Si te encuentras en un lugar por primera vez, mira a tu alrededor. ¿Qué es lo que ves? Mira también aquello que no está ahí, y esperarías ver. Esta es información útil. Si algo — que realmente esperarías ver — no está en lo visible, entonces es seguro que está fuertemente presente más allá de lo visible. Puedes esperar encontrar síntomas que tengan que ver con esto.

> La profesora explicó cómo se había configurado el nuevo horario de los días en los que ella y sus colegas trabajaban. Habló sobre la distribución de las aulas y la disponibilidad del gimnasio. Se presentó el programa académico para ese curso, y se acordaron las fechas para los días lectivos y los días libres adicionales. Todo fue cuidadosamente discutido y explicado. Pero los niños no fueron mencionados.

Algunas variantes de esta pregunta arquetípica :

- ¿Sin quién o sin qué no hubiera sido posible?
- ¿Qué sería esperable y, en realidad, no está presente?
- Cuando amplías el foco, ¿qué debería ser lo principal?

> **¡Practica!**
>
> Ponlo en práctica: Hazte esta pregunta cuando quieras averiguar si quieres ser parte de algo. Tal vez estás considerando el mudarte a otra ciudad, inscribirte en una asociación, comenzar una nueva profesión o un nuevo trabajo. Mucha gente investiga un poco sobre ello antes, para ver si cumple con todas sus necesidades. Pero, cuando lo hagas, incluye también aquello que no es visible, aquello sobre lo que no se trata. ¿A qué no se le está prestando ninguna atención?

2ª pregunta genérica: ¿para quién o para qué es esto una buena solución?

Esta pregunta requiere de un interrogador valiente. Con una presencia de alta calidad. Alguien que se atreva a permitir que todo esté allí, incluso aquello que preferiría que no estuviera. Lo bello y lo desagradable. Los síntomas son, en realidad, una especie de alarma que los sistemas hacen sonar para mostrar que las leyes naturales están un poco enredadas. Que hay bloqueos que hacen que los problemas actuales (la dificultad en el fluir natural, expresada de cualquier forma) sean una solución para algo que existe más allá de lo que es visible.

> En una gran organización, la administración básica no funcionaba. La dirección no tenía las cifras que necesitaba, las facturas de los proveedores se pagaban demasiado tarde y el personal de administración se fue quedando desfasado. A falta de algo mejor, la contabilidad se llevaba en archivos Excel. De esta forma, toda la información estaba disponible, pero repartida en distintos ordenadores. Los directores tenían que saber quién tenía qué información en qué archivo Excel, conseguirla y, a partir de ahí, confeccionar sus propios informes.
>
> Por supuesto, esto era insostenible, por lo que se invirtió en un nuevo sistema informático, se rediseñaron los procedimientos y se redefinieron las funciones. Fue un proceso de cambio largo y costoso. La dirección achacó la falta de resultados de este cambio a la falta de alineación entre los participantes en el proyecto, que nunca fue buena.
>
> ¿Qué pasaría con los empleados si los procesos se volvieran eficientes? Se reducirían a la mitad. La organización era lo suficientemente rica como para mantener esa sobrecapacidad. Que la administración no funcionara bien era una buena solución para mantener los empleos. Para que los empleados siguieran siendo parte de esta organización.

¿Se permite realmente que todas las respuestas estén ahí? Si prefieres que una respuesta no se dé, refuerzas el bloqueo, lo confirmas. Entonces los síntomas serán aún más magnificados por el sistema.

Variantes de esta 2ª pregunta arquetípica:

- ¿Qué nos muestra este problema?
- ¿Qué nuevas posibilidades abre este problema?
- ¿Qué no existiría si no se diera este problema?

> **¡Practica!**
>
> Ponlo en práctica: Escoge una situación de tu vida en la que un problema, a pesar de los intentos realizados, siga sin resolverse. Puede que quieras perder peso, o cambiar al fin de trabajo, o resolver de una vez por todas tus problemas financieros. Explora, de tres maneras distintas, para qué puede ser una solución esta situación. La primera es desde ti mismo, eres tal como eres. La segunda es como si formaras parte de algo más grande. Como si fueras miembro de una familia o de un club en el que las cosas simplemente se hacen de esta forma. La tercera es hacerte la pregunta, y responderla como si fueras completamente libre. Eres libre y puedes hacer lo que consideres, más allá de lo que debería o tendría que ser hecho. Las respuestas te dicen, en diferentes capas, para qué puede ser una solución ese problema.

3ª pregunta genérica: ¿A quién pertenece esto realmente?

Muy a menudo, las personas asumen responsabilidades que, en realidad, no son suyas. Que no pertenecen a su lugar. Abandonan el orden sin ser conscientes de ello. Entonces, por ejemplo, tienen una opinión sobre el desempeño de su jefe. *"Toma las decisiones equivocadas"*. El juicio sobre si su jefe toma o no las decisiones equivocadas no les corresponde a ellas, sino a su jefe.

En el sentido contrario, esto ocurre cuando los hijos cuidan a sus padres. Por ejemplo, cuando hay una enfermedad o una adicción en la familia. En el orden biológico, los padres cuidan de los hijos. Cuando ocurre al revés, esto va en contra del orden natural. Preguntarse *"¿a quién le pertenece el problema?"*, lo hace consciente.

A veces, la respuesta a esta pregunta consiste en una extensa explicación o defensa del por qué eso es así. *"No puede hacerlo por sí mismo, y yo soy suficientemente fuerte para hacerlo"*. Totalmente legítimo. Pero supone pagar un elevado precio. Los niños que tienen que cuidar de sus padres, ya no pueden ser niños. Los empleados que juzgan a sus jefes, ya no pueden hacer correctamente su propio trabajo.

Pregúntale a esa persona si está dispuesta, internamente, a retornar ese problema. A devolverlo donde pertenece. Incluso podéis pensar juntos en un ritual para hacerlo. Por ejemplo, haz que la persona ponga un símbolo en el lugar (imaginario) al que pertenece el problema. O deja que mentalmente mire a alguien a los ojos y le diga: "*Te lo devuelvo*". O si estás trabajando contigo mismo, pon el problema, ya sea simbólicamente o físicamente, en la habitación de al lado de donde ahora estás. De tal manera que dentro de un rato puedas recuperarlo, si lo deseas.

> El departamento de asuntos legales incorporó a un nuevo director. Para gran decepción del personal del departamento, el nuevo director no tenía ningún tipo de experiencia en el ámbito legal. Sin que el director lo notara, los empleados más veteranos empezaron a trabajar de manera más autónoma, resolviendo algunos temas por su cuenta. Sus entrevistas sobre la valoración del desempeño se convirtieron más en rituales vacíos de contenido que en oportunidades para reflexionar sobre cómo iban las cosas. Los conflictos aumentaron. Los empleados más jóvenes empezaron a sufrir bullying. En una jornada de trabajo fuera de la oficina, para tratar con el equipo el tema del conflicto, las cosas llegaron a su punto crítico. El director y los empleados más veteranos pudieron darse cuenta que algunas de las tareas pertenecían realmente al director. Aquellos que no pudieron respetar esto, tuvieron que tomar algunas decisiones difíciles. Cuando el director tomó plenamente su puesto, los conflictos y el bullying desaparecieron como la nieve se funde bajo el sol.

Variaciones sobre esta pregunta arquetípica:

- ¿Quién o qué puede hacer que este problema desaparezca?
- ¿Qué hace que este problema te pertenezca?
- ¿Quién o qué sería perfectamente capaz de lidiar con este problema?

> **¡Practica!**
>
> Ponlo en práctica: Comprueba en tu agenda tus compromisos para la próxima semana. Incluye tanto los compromisos profesionales como los personales. ¿Desde qué rol (pareja, hijo, padre, etc...) fijaste esos compromisos personales, y desde qué posición (función) fijaste esos compromisos profesionales? Fijando esos compromisos, ¿has asumido responsabilidades que, en realidad, no corresponden a tu rol o a tu función? ¿O no has asumido responsabilidades que pertenecen a tu rol o a tu posición? Si has contestado "*Sí*" a alguna de estas dos preguntas, no estás ocupando tu lugar correcto. Pregúntate dónde pertenece realmente cada compromiso, y devuélvelo allí donde pertenezca.

Preguntas durante sesiones de coaching y de intervisión

Hay un montón de técnicas de coaching distintas. Todas con su propio valor. Las Preguntas que Mueven pueden usarse también durante entrevistas de coaching. A continuación encontrarás algunas preguntas que son una combinación de Preguntas que Mueven y de Buenas Preguntas orientadas básicamente a la solución. Un bonito ejemplo de cómo combinar distintas técnicas.
Puedes formular las preguntas a un coachee, a un empleado al que estás ayudando a resolver un problema o durante una entrevista para contratar a alguien. Esta técnica también funciona bien con asuntos personales.

Cuanto menos sepas
sobre un problema,
menos te distraerán
sus síntomas.

Cuando usas esta técnica como coach, quieres saber lo menos posible acerca el problema. Cuanto menos sepas sobre él, menos te distraerás con el contenido, con lo visible. Empieza describiendo el problema, o aquello que te gustaría que fuera distinto, en un máximo de tres frases. No más.

1. ¿De qué se trata realmente?
2. ¿Cuánto tiempo hace que sabes esto?¿Te has encontrado con esto, en otras formas, antes?
3. ¿A quién o a qué pertenece?
4. ¿A qué ayuda o refuerza el tener este problema? ¿A qué más?
5. ¿De qué se trata realmente, ahora?
6. ¿De dónde tiene que venir el permiso para resolver el problema?
7. ¿A dónde quieres llegar?¿Cuál es la situación deseada?
8. ¿Cuál podría ser el siguiente paso?

1   ¿De qué se trata realmente?

Muy a menudo, las personas sitúan la culpa de un problema fuera de ellas mismas. Sienten que son víctimas de una situación, y que por eso tienen ese problema. La pregunta *"¿De qué se trata realmente?"* les invita a avanzar. Si no se trata realmente del problema, *"¿de qué se trata?"* Si alguien empieza a dar todo tipo de ejemplos para responder a esta pregunta, detenlo: *"No, no me refiero a esto. Si este problema fuera una reacción a otra cosa, ¿qué sería esta 'otra cosa?'"*. Entonces obtendrás respuestas como *"mis inseguridades"* o *"mis decepciones"* o *"mis miedos"*.

2   ¿Cuánto tiempo hace que sabes esto? ¿Te has encontrado con esto, en otras formas, antes?

Cuando alguien señala su inseguridad, su decepción o su miedo, a menudo estos son asuntos con los que está familiarizado desde hace mucho tiempo, que han venido jugando un papel a lo largo de su vida. Algo adquirido en su juventud, y que nunca se llegó a transformar en algo que le diera soporte. La pregunta *"¿Desde cuándo eres consciente de esto?"* lleva a la persona a un punto desde el que pueda darse cuenta que el problema puede ser parte de un todo más grande, que puede ser un patrón.

3   ¿A quién o a qué pertenece?

Algunos sentimientos, miedos o creencias se transmiten de generación en generación. Esto sucede, por ejemplo, cuando los traumas no se procesan adecuadamente y, por tanto, no pueden transformarse. La historia permanece inacabada y pasa a la siguiente generación, que puede, o no, ser capaz de terminarla. La buena noticia es que, cuanto más tiempo pase, menos poderosa es, y menos impacto tiene. A menudo, alguien ni siquiera es consciente de que algo no es suyo, sino que proviene de la generación anterior. La pregunta *"¿A quién te recuerda esto?"* activa esta consciencia.

A veces, puede que la persona simplemente te mire fijamente cuando le formulas esta pregunta. Esto generalmente significa que no se trata de algo que haya sido transferido. En este caso, trae a la persona de vuelta al aquí y ahora. De vuelta a sí misma. Por ejemplo preguntándole si está sentada cómodamente, o que se centre en su respiración.

4 ¿A qué ayuda o refuerza el tener este problema? ¿A qué más?

Los problemas son soluciones para algo que está más allá de lo visible. Hay una buena razón por la que eres tan bueno en sentirte inseguro, desilusionado o temeroso. Si simplemente quieres deshacerte del problema — sin saber para qué en alguna ocasión esto fue una solución, es probable que el problema aparezca de nuevo, de otra forma distinta. Por lo que quieres saber por qué aprendiste a sentirte inseguro, desilusionado o temeroso.

No querer sentirse desilusionado puede reforzar tu capacidad para prepararte cuidadosamente. El miedo es generalmente un refuerzo para la precaución. Al resolver el problema, puede que pierdas también el beneficio inesperado que te aportaba. Esto en sí mismo no es malo, pero es útil saberlo de antemano.

5 ¿De qué se trata realmente, ahora?

Las cuatro primeras preguntas nos han llevado ya bien lejos. Esta pregunta te permite explorar qué movimiento ha empezado ya. Con toda la información de las preguntas anteriores, es posible que tu problema haya cambiado. Que ahora se trate de algo distinto a lo que estabas tratando con la primera pregunta. Por tanto, haz de nuevo la comprobación: ¿De qué se trata realmente, ahora? Reconociendo que anteriormente podría haber sido sobre otra cosa.

6 ¿De dónde tiene que venir el permiso para resolver el problema?

Esta pregunta tiene dos posibles efectos. El primero es que deja claro que, en realidad, internamente no hay permiso. Todavía no. Alguien es leal a un valor, a una educación, a una promesa, puede ser cualquier cosa. Esto es, a menudo, inconsciente. La pregunta lo hace consciente. El segundo efecto es que puede servir como un recurso. El premiso se convierte en un recurso para hacer que las cosas se muevan de nuevo. No importa si, a través de la pregunta, se obtiene el permiso o no. Ser capaz de moverse, a pesar de no tener el permiso, puede ser poderoso.

7   ¿A dónde quieres llegar? ¿Cuál es la situación deseada?

8   ¿Cuál podría ser el siguiente paso?

Las dos últimas preguntas vuelven a hacer que el problema sea algo concreto y manejable. Son preguntas orientadas a la solución. Se hace visible el objetivo y se pregunta por el primer movimiento, el primer paso hacia el objetivo. Teniendo en cuenta todo lo obtenido con las respuestas anteriores.

> Durante una sesión de intervisión, una miembro del equipo pedagógico presentó el caso de una discusión con una colega. Su colega le había propuesto colaborar en un proyecto muy interesante y ella había aceptado. Sintió que su colega debería haber mencionado su nombre en la presentación. Al fin y al cabo, ella era la experta y encajaba perfectamente en el proyecto. Su colega, en cambio, sintió que estaba montando un escándalo por algo que no tenía sentido. La conversación se convirtió en una pelea y ella acabó marchándose entre lágrimas.
> Ella supo de inmediato de qué se trataba realmente para ella: tenía la sensación de ser invisible en el equipo. Un ejemplo reciente fue cuando su jefe se olvidó de invitarla a una reunión del equipo fuera de la oficina. Y aunque ella aceptó que se trató de un error, aun así...Reconocía esa sensación de ser invisible desde hacía mucho tiempo. ¡Incluso una vez se la olvidaron en una excursión del colegio! El autocar tuvo que regresar a por ella.
> En casa solía haber muchas discusiones. Finalmente, sus padres se divorciaron. Cada vez que discutían, ella se imaginaba que no estaba allí. Que estaba en otro lugar.
> De esta forma, como a menudo no se notaba que estaba allí, podía seguir haciendo sus cosas. También de adulta. Por decirlo de alguna forma, podía trabajar "fuera del alcance del radar". Así tenía más libertad en su programación y en su propuesta pedagógica que sus colegas, sin que nadie lo notara.

En realidad, no se trataba de la discusión con su colega, que ya aclararía. Sintió que había llegado el momento de dejar de esconderse. Que, si realmente quería hacer algo con sus conocimientos y experiencia, tenía que atreverse a reclamar su lugar.

El pedir permiso para reclamar su lugar debía venir de su etapa de educación. Siendo niña, aprendió a adaptarse, a no ser una carga. Decidió *"Esto es lo que ocurrió entonces, yo estoy viviendo ahora"*. Y se liberó de la necesidad de obtener el permiso.

Lo que ella quería era dirigir las auditorías. De esta forma podría contribuir a la mejora de la calidad. Algo que, para ella, era muy importante.

Al final de la sesión de intervisión, las ideas sobre cuáles eran los primeros pasos a dar, se superponían: A partir de ahora, ya no firmaría sus trabajos con un "en nombre del equipo X", sino que lo haría con su propio nombre. Quería disculparse con su colega y acordar con ella que la próxima vez sería ella quien dirigiría las auditorías. El paso más grande fue abrir un canal en YouTube y publicar sus propios videos en los que, brevemente, explicaba aspectos relacionados con la calidad en su profesión, y consejos sobre cómo aplicarlos de forma eficaz.

¡Practica!

Ponlo en práctica: Primero, testea en ti mismo estas preguntas, antes de probarlas con alguien más. Esto te permite experimentar el potencial y el efecto de cada pregunta, y cómo estructurar el trabajo. Toma un lápiz, una hoja de papel y escribe tu respuesta a cada pregunta. El escribir a mano tiene un efecto distinto al de teclear. Hace más fácil mantenerse conectado con uno mismo.

Cuatro preguntas que te ayudarán a avanzar

Aquello a lo que perteneces, tus sistemas, están siempre activados (en el capítulo extra podrás leer más acerca de qué son los sistemas y cómo funcionan). Tus preguntas, tus respuestas, son producto de tu lealtad a estos sistemas. Sin que seas consciente de ello. Vives, sueñas, planeas, escoges y actúas desde la conexión con estos sistemas. Los sistemas son la fuente de estas preguntas.

Hay distintos tipos de fuentes, cada una con su propio resultado.

Las cuatro preguntas que encontrarás a continuación son como un viaje a través de esas fuentes. Tú formulas la pregunta en relación a algo que te preocupa. Un problema, un deseo, una relación. Cuando trabajes con estas preguntas, asegúrate de formular las cuatro. Juntas hacen que el viaje sea completo. Responde a las preguntas en voz alta, o escríbelas en un papel. En cualquier caso, asegúrate de que las preguntas salen de tu cuerpo. Contestar sólo con el pensamiento, aporta una cualidad diferente. El movimiento es mucho más limitado.

1. ¿Qué planeas hacer?
2. ¿Qué se te pide que hagas?
3. ¿Qué harías si te dejaras llevar? ¿Si cabalgaras sobre esa ola donde todo es posible? ¿Más allá de tus planes, y de aquello que el sistema pide de ti?
4. ¿Qué harías si fueras completamente libre de encontrar un buen lugar para ti, y para el conjunto?

> Imagina que estás de vacaciones. ¿Cómo decides cómo vas a pasar el día? Esto puede hacerse a partir de cuatro motivaciones:
> Has decidido de antemano qué lugares deseas visitar, y llevas a cabo tu plan. También puedes pensar en lo que es necesario hacer ese día.
> Tal vez sea el momento de hacer la colada, o de limpiar la

tienda de campaña, aunque no tuvieras previsto hacerlo. Esta sería la segunda variante.
En la tercera variante, déjate seducir. ¿Qué te invita a hacer algo? Puede que hayas encontrado un folleto anunciando un bonito mercado en algún lugar cercano.
También puedes planear tu día preguntándote cómo puedes asegurarte de que todo el mundo se lo pase bien. Esta es la cuarta variante. ¿Qué puedes hacer para que todos recuerden este día con satisfacción?

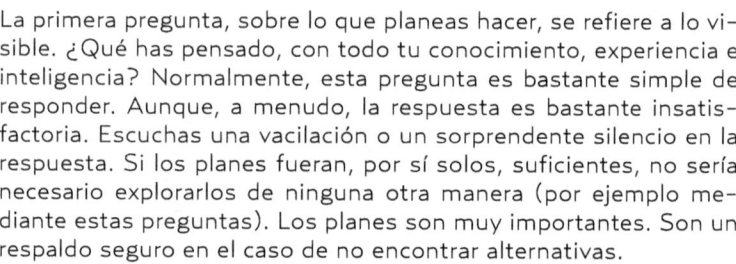

Los sistemas están siempre activados.

La primera pregunta, sobre lo que planeas hacer, se refiere a lo visible. ¿Qué has pensado, con todo tu conocimiento, experiencia e inteligencia? Normalmente, esta pregunta es bastante simple de responder. Aunque, a menudo, la respuesta es bastante insatisfactoria. Escuchas una vacilación o un sorprendente silencio en la respuesta. Si los planes fueran, por sí solos, suficientes, no sería necesario explorarlos de ninguna otra manera (por ejemplo mediante estas preguntas). Los planes son muy importantes. Son un respaldo seguro en el caso de no encontrar alternativas.

La segunda pregunta, sobre lo que se te pide que hagas, es sobre los patrones de los que eres parte. Los patrones en los sistemas de los que eres parte. El sistema al que perteneces, y lo que sucede dentro de él. Los patrones que también te han hecho ser quién eres. Pueden surgir de tu trabajo, del equipo del que formas parte, de la organización, de tu familia, del lugar en el que vives, y así sucesivamente. Respondiendo a esta pregunta, te das cuenta de que ya no eres tu "yo" individual, sino que formas parte de algo mayor. Tu respuesta surge de esa conexión.

Capítulo 3   Preguntas listas para usar

Con la tercera pregunta, sobre lo que harías si te dejaras llevar, tus planes o tu lealtad al sistema son menos importantes que el impulso. En realidad, le das la vuelta. Lo que hace que algo suceda no son ni tus planes ni tu lealtad. Esperas que haya un impulso, una invitación del mundo que te rodea, y entonces te pones en marcha. Ese movimiento puede que sea muy distinto a cualquier cosa que puedas imaginar desde tus planes o tu lealtad. Es preciso que tengas una antena razonablemente limpia. Si tienes firmes ideas sobre lo que debe hacerse y cómo debe hacerse, es muy difícil dejarse llevar.

La cuarta pregunta, sobre lo que harías si fueras completamente libre de encontrar un buen lugar para ti y para el conjunto, se dirige a tu potencial. A tu capacidad para crear un mundo en el que puedas desarrollar plenamente quién eres y tus talentos. No de manera autónoma, sino conectado al mundo que te rodea. La respuesta puede ser una especie de recuerdo. Un recuerdo de algo que es importante para ti, pero que ha sido enterrado por las responsabilidades cotidianas. Algo que vive en ti, que te pertenece, pero que no siempre puede mostrarse, o no se le ha dado espacio para desarrollarse. La respuesta te hace sentir cierta vibración. Una vibración que te lleva a nuevos caminos.

> Tras cinco años como jefe de departamento, le propusieron un nuevo trabajo. No sabía qué hacer. ¿Debía arriesgarse y aceptar ese nuevo trabajo, o prefería mantener la seguridad que ahora tenía? No sabía cómo tomar la decisión. Juntos recorrimos las cuatro preguntas. Su plan era el de retrasar la decisión tanto como fuera posible. Por un lado, sentía la presión de tener que demostrar que era suficientemente valiente como para asumir riesgos. Algo que venía del sistema de la formación que estaba realizando. Por otro lado, sentía la necesidadde seguridad, de prudencia. Un mensaje que había escuchado a menudo durante su juventud. Cuando se dejó llevar por su imaginación, se sintió como ese joven de 18 años que, con grandes ilusiones, escogió esta profesión. Si fuera completamente libre, haría el mismo trabajo, aunque a una menor escala. En un proyecto que él mismo habría fundado.

Las respuestas a estas cuatro preguntas te ayudan a tomar decisiones. Cuanto mayor sea la calidad de tu presencia al formular estas preguntas, mayor será el valor de las respuestas. Puedes formulártelas a ti mismo. Cuando te prepares para una reunión, o cuando tengas que tomar una decisión, ya sea sólo o con otras personas. También puedes usar las preguntas en entornos de mentoría o de coaching. O con un equipo con el que trabajes. Por ejemplo, en el desarrollo de una nueva política o un nuevo proyecto. O simplemente cuando te encuentres atascado, y no sepas realmente qué camino tomar.

> **¡Practica!**
>
> Ponlo en práctica: La próxima vez que tengas que tomar una decisión, haz el viaje a través de las cuatro preguntas. Escoge una decisión que probablemente podrías tomar sin realizar este viaje. Asegúrate de acumular suficiente experiencia con las preguntas para que, cuandolas cosas se pongan realmente difíciles, puedas recurrir a este método de las cuatro preguntas.

Cuanto menos
sepas sobre
un problema,
menos
te distraerán
sus síntomas.

Capítulo 4

Hacer sus propias preguntas sobre la mudanza

Preguntas que Mueven | Siets Bakker

4 Hacer sus propias preguntas sobre la mudanza

No existen reglas estrictas sobre lo que hace que una pregunta sea una Pregunta que Mueve. Ahora ya sabes que no se trata solamente de la pregunta, sino también de la calidad de tu presencia. Este conjunto hace posible que tu pregunta viaje más allá de lo que se ve.
Estas reglas son, más bien, indicaciones que puedes usar para convertir tu pregunta en una Pregunta que Mueve.

Combinar Buenas Preguntas con Preguntas que Mueven

Muchas técnicas para formular preguntas buscan circunstancias, hechos y ejemplos. Las Preguntas que Mueven no. No necesitas ni evidencias ni información. Eso está en lo visible. Las Preguntas que Mueven se interesan por lo que está más allá de lo que se ve. Así que no necesitan ejemplos o pruebas.

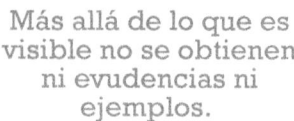

Más allá de lo que es visible no se obtienen ni evudencias ni ejemplos.

El método STAR es usado a menudo en entrevistas de trabajo: ¿Cuál era la Situación? ¿Cuál era tu Tarea? ¿Qué Acción emprendiste, y cuál fue el Resultado? Es una buena técnica de conversación para obtener información sobre la parte visible.

En las evaluaciones del desempeño, el supervisor debe aportar ejemplos en los que basar su evaluación. Su juicio sólo se fundamenta en la información que es visible. ¿Te sientes incómodo con la evaluación que tu supervisor hace de ti o de un colega? Es probable que parte de la información relevante que existe más allá de lo que se ve, ¡no haya sido utilizada!

Algunas herramientas de gestión de proyectos, como Lean, Agile y Scrum, usan también las Buenas Preguntas. En ellas, las preguntas se centran en observaciones y hechos. *"¿Qué es necesario ahora?"*, *"¿cuál es el valor añadido para el cliente?"*, *"¿qué hitos hay y cómo sabremos que los hemos alcanzado?"*, ... Son algunas Buenas Preguntas que tienen que hacerse. Las respuestas importan. Sin embargo, las respuestas no nos dicen nada acerca de por qué los procesos no están funcionando bien, o por qué se incumplen los plazos, o por qué hay demasiadas mermas. Esta información proviene de más allá de lo que se ve, y responde a las leyes de los sistemas.

Muchos coaches y consultores utilizan técnicas orientadas al objetivo o a la solución. Con preguntas como *"¿Qué quieres conseguir?"*, *"¿Qué te gustaría hacer de manera distinta?"* o *"¿Qué paso quieres dar primero?"*. La conocida como Pregunta Milagro es también bastante popular: *"Si mañana por la mañana te despertaras y hubiera ocurrido un milagro, y todo pudiera ser tal como deseas, ¿qué sería distinto? ¿Cómo sería tu vida entonces?"*. La Pregunta

Milagro es también una Buena Pregunta.

Todas estas técnicas, así como otras no mencionadas aquí, pueden combinarse muy bien con las Preguntas que Mueven. Las Preguntas que Mueven complementan y mejoran todo aquello que tú ya sabes y ya puedes hacer. Al combinar las Preguntas que Mueven con estas técnicas, obtienes información de lo que es visible y de lo que está más allá de lo visible.

Las Buenas Preguntas y las Preguntas que Mueven pueden combinarse para obtener un efecto útil. Esta podría ser una fórmula para hacerlo:

Empieza con dos preguntas que se centren en la relación y en el proceso:

- ¿Con qué sombrero te sientas en la silla?
- ¿Qué es lo que no está permitido en absoluto que suceda?

Entonces formula tres o cuatro Preguntas que Mueven. Adáptalas según las circunstancias:

- ¿Qué perderemos si conseguimos el objetivo? ¿Qué obtendremos a cambio?
- ¿Qué se fortalecerá con la consecución de este objetivo? ¿Es eso lo que queremos?
- ¿Qué potencial no se está usando todavía?
- ¿En qué manera, eso que queremos lograr, forma parte de un movimiento más grande? ¿Qué movimiento es ese?

Finaliza con tres preguntas orientadas a la acción:

- ¿Quién va a hacer qué?
- ¿Cuáles son las razones para no continuar?
- ¿Cómo sabes que has acabado y que has hecho lo correcto?

Esta fórmula se puede aplicar en todo tipo de situaciones. ¡Adapta las preguntas como mejor te parezca! Las Preguntas que Mueven no pretenden actuar como una camisa de fuerza, no son una prescripción. Son siempre invitaciones. Y esta fórmula también lo es.

> **¡Practica!**
>
> Ponlo en práctica: Tomando la fórmula propuesta en este apartado como base, añade tus preguntas favoritas y quita las que sientas que no aportan valor. Prueba con tu propia fórmula. Personalízala. Pruébala de nuevo. Hasta que estés satisfecho. Y entonces, compártela con tus colegas y amigos. Se generoso con el fruto de tu trabajo.

Preguntas abiertas y preguntas cerradas

Muchas técnicas recomiendan no formular preguntas cerradas. Preguntas con opciones de respuesta prescritas. "Si" o "no". "Ayer", "hoy" o "mañana". "Estoy de acuerdo", "no estoy de acuerdo" o "me da igual".

Las Preguntas que Mueven pueden ser preguntas cerradas. A veces, formular una pregunta cerrada puede ser más poderoso. De esa manera puedes registrar la información que capta tu antena. Si formulas una pregunta que puede responderse con un *"si"* o un *"no"*, y ves que la otra persona duda, la propia duda es la respuesta. Esta es la información relevante. Luego puedes preguntar qué significa esa duda. O de dónde viene. La conversación toma profundidad inmediatamente. Puedes ir aún más lejos y preguntar: *"Supongamos que miras más allá de esta duda. ¿Qué es lo que se hace visible ahora?"*. En ese momento estás un paso más allá de lo visible, donde empiezas a investigar de qué manera se organizan las leyes del sistema.

Capítulo 4 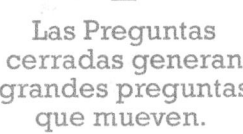 Crea tus propias preguntas

Las Preguntas
cerradas generan
grandes preguntas
que mueven.

Una forma específica de preguntas cerradas es el de "lo uno o lo otro".
Cuando te sientes inseguro: ¿Es más un sentimiento de exceso de inseguridad, o de falta de seguridad?
Ante la ausencia de resultados: ¿De dónde debería venir el éxito? ¿Más del exterior, o más del interior?
Ante la incertidumbre: ¿Cuál es el propósito de la incertidumbre? ¿El servir a un potencial sin explotar, o el servir a aquello que ya ha sido?
Ante el conflicto: El conflicto ¿está al servicio de mantener, o de abandonar?
Ante el estancamiento: El primer impulso de movimiento, ¿debe venir desde delante, o desde atrás?
Estas preguntas pueden sonar abstractas, pero la persona a la que le estás preguntando entenderá casi inmediatamente lo que quieres decir. Si no hay respuesta, si las opciones propuestas no son las correctas, puedes añadir: "*Si no es ninguna de estas dos opciones, ¿qué es entonces?*".

Con una pregunta cerrada, con sus limitadas posibilidades de respuesta, puedes sentir más fácilmente tu propia reacción. Precisamente por ser tan inequívoca.
Si al formular la pregunta te sientes incómodo, señal que las posibles respuestas no tienen sentido. No es que hayas formulado la pregunta equivocada, sino que has propuesto las opciones equivocadas. Que es exactamente lo que necesitas saber. Esto te brinda inmediatamente más información, incluso antes de haber recibido la respuesta de la otra persona. La información que tienes ahora proviene de más allá de lo visible.

Finalmente, las Preguntas que Mueven cerradas van muy bien para testear. Supón que la pregunta es *"¿Es este el momento adecuado para dar un paso?"*. Una pregunta simple con respuesta de *"si"* o *"no"*. Con una pregunta como esta, toda la información que obtienes proviene de lo visible. Todas las consideraciones, matices, hechos, ambiciones y riesgos forman parte de esta decisión. Puedes añadir la información de lo que no es visible preguntando: *"¿Quién o qué asentiría con la cabeza si tomáramos esta decisión?"*.

> **¡Practica!**
>
> Ponlo en práctica: Piensa en algo que te preocupe, y formúlate al menos cinco preguntas del tipo "lo uno o lo otro". De esta manera empezarás a desarrollar cierta rutina. Pero no respondas a ninguna de las preguntas. Escoge la pregunta que encuentres más poderosa, y explórala en ambas direcciones: ¿Cómo sería si "lo uno" fuera la respuesta? ¿Cómo sería si "lo otro" fuera la respuesta? Esto te permitirá entender bien cómo funcionan este tipo de preguntas.

Cómo diseñar las Preguntas que Mueven

Crear Preguntas que Mueven es muy sencillo. Sólo tienes que tener en cuenta algunas reglas. Son las reglas de diseño de las Preguntas que Mueven. Puedes aplicar estas reglas libremente. No son leyes. Son más bien indicaciones, como los postes que indican el camino. Ninguna Pregunta que Mueve cumple estas ocho reglas a la vez. Puedes usar estas reglas cuando quieras convertir una pregunta normal en una Pregunta que Mueve.

Capítulo 4 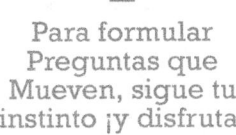 Crea tus propias preguntas

Para formular
Preguntas que
Mueven, sigue tu
instinto ¡y disfruta!

El punto de partida para crear una Pregunta que Mueve es que esta hace referencia sólo al aquí y ahora. Todo lo que ocurrió en el pasado, o lo que se desea para el futuro, es cierto pero irrelevante. Se trata de este momento, de lo que tu cuerpo puede sentir que es correcto. En realidad, esto es todo en lo que tienes que centrarte cuando formules tus Preguntas que Mueven. El resto es sólo para ayudarte en tu camino.

> **¡Practica!**
>
> Ponlo en práctica: Si realmente quieres aprender a trabajar con las Preguntas que Mueven, puedes asignarte la siguiente tarea: durante un día, haz que todas las preguntas que formules contemplen al menos una de estas reglas. De esta manera empezarás a establecer una rutina. Pero recuerda: ¡no pongas demasiado empeño en ello!

1 Las Preguntas que Mueven están vacías

Las Preguntas que Mueven son invitaciones. Invitan a la persona a la que formulas la pregunta a que explore algo. Esto sólo es posible si tú, como interlocutor, no cargas la pregunta con otras cosas. Con tu pregunta pretendes generar un movimiento, aflojar algo que está atascado. Si pones demasiado contenido en tu pregunta estás, por así decirlo, reduciendo espacio al movimiento.

Una pregunta del tipo *"¿Qué opinas sobre el hecho de que el director me haya propuesto ser el líder del proyecto?"* no está vacía. Una pregunta sobre la opinión de alguien, es una pregunta sobre lo que es visible. Con las Preguntas que Mueven, llevas la conversación más allá de lo que se ve, donde los hechos y los eventos se dan en función de cómo se han seguido, o no, las leyes sistémicas.

Otras preguntas que tampoco están vacías son aquellas que haces para convencer a alguien, o para ponerlo de tu parte. *"¿No te parece extraño que el director proponga a alguien de fuera para liderar un proyecto como este?"*. Este tipo de preguntas cerradas son muy adecuadas para convencer o para forzar la respuesta en la dirección deseada, construyes una especie de trampa. Los participantes en según qué tipo de debates, o los abogados, se ejercitan para dominar este tipo de preguntas. No son invitaciones. En el mejor de los casos, son exploraciones pensadas como preludio de otro tipo de conversación. Las Preguntas que Mueven no te van a ser de ayuda si lo que pretendes es recopilar información o convencer a alguien.

Las preguntas vacías no contienen opinión. No quieren convencer. No muestran ningún matiz. Algunos ejemplos:

- ¿De qué es necesario más? ¿De qué ya hay demasiado?
- ¿A qué se le dará prioridad? ¿A expensas de qué?
- ¿De qué se trata realmente?
- ¿Qué es lo que no se ha dicho todavía?

Ponlo en práctica: Antes, en este mismo capítulo, has escrito tus preguntas favoritas (en la sección sobre cómo combinar Buenas Preguntas y Preguntas que Mueven). Toma esas preguntas como punto de partida, y vacíalas. Descárgalas tanto como sea posible. Comprueba la diferencia, al formular la versión vaciada, en una situación en la que normalmente usarías la versión habitual de tu pregunta favorita.

2 Las Preguntas que Mueven pertenecen a, y son para, la otra persona

No se trata de ti. Las preguntas no son acerca de ti. Cuando formulas una Pregunta que Mueve, es inapropiado introducir la pregunta con un ejemplo de algo que hayas experimentado tú mismo: *"Sí, reconozco eso. Una vez también tuve esa experiencia. ¿Y ...?"*, cualquier pregunta que venga ahora no es una Pregunta que Mueve. Incorporas tanto de tus propios sistemas que, automáticamente, se convierte en algo sobre tu experiencia, o obre las similitudes entre vuestros sistemas. Tan pronto lo mencionas, ya está presente ahí.

Imagina que tienes una entrevista de trabajo. La capacidad de negociación es una competencia importante para ese puesto. Pones algunos ejemplos personales de negociaciones que has cerrado con éxito. Uno de los entrevistadores toma tus ejemplos y dice: *"Sí, aquí también hemos vivido algo similar. Y perdimos un gran cliente. ¿Cómo gestionarías una situación así?"*. En ese momento aparece una nueva conversación. Que ya no trata sobre tus habilidades de negociación, sino sobre la pérdida de ese cliente. Deberás construir un puente que te permita regresar a la conversación inicial, para volver a hablar de nuevo sobre ti.

Las preguntas tampoco tienen que demostrar lo bien que has escuchado, o lo bien que has entendido a la otra persona. No tienes que conectar la pregunta con nada. Formulas una pregunta, recibes una respuesta, ... y la asocias con algo. Esa asociación es interesante para ti , no para tu interlocutor. Guárdate esa asociación para ti. La calidad de tu presencia disminuye inmediatamente cuando introduces esa asociación en la conversación. Porque no se trataba de eso.

Las preguntas son para la otra persona. Son de la otra persona. Todo lo demás no importa. Todo lo demás se convierte rápidamente en un lastre.

Como persona que formula la pregunta, tu tarea más importante es la de mantener la alta calidad de tu presencia. Así que, aunque mantienes tu presencia, te apartas un poco. Como hacen los buenos árbitros. Para que la otra persona pueda descubrir la respuesta a la pregunta con total seguridad.

Algunos ejemplos más:

- ¿A qué se debe renunciar para pertenecer?
- ¿Cuándo surgió el problema? ¿Dónde estaba la semilla?
- ¿Qué espacio vacío llena el problema?
- ¿Cuál es tu función para el sistema al tener este problema? ¿Es la misma habitualmente? ¿También para otros sistemas?

> **¡Practica!**
>
> Ponlo en práctica: Presta atención a la próxima entrevista que veas en la televisión. Fíjate con qué frecuencia la pregunta está destinada realmente a la persona entrevistada, y cuantas veces es usada por el entrevistador para expresar su propio punto de vista. Observa cómo afecta esto en la calidad de la entrevista.

3 Las Preguntas que Mueven no tienen comas

Las Preguntas que Mueven no precisan de introducción. Van directas al grano. Cuanta más introducción hagas a la pregunta, más definirás cómo debería ser la respuesta. Compara: *"¿Para quién te estás esforzando tanto?"* con *"Te he escuchado decir que trabajas muchas horas, que das lo mejor de ti. Respeto tus esfuerzos, y me pregunto ¿para quién te estás esforzando tanto?"*. La introducción la ha convertido en una pregunta completamente distinta.

Esto de formular preguntas cortas sin ninguna introducción, puede contradecir lo que has aprendido de otras técnicas para preguntar. Esto no significa que esas técnicas no funcionen, o que sean falsas. Sólo significa que las Preguntas que Mueven son diferentes. No hacen rodeos.

Si la finalidad de tu pregunta es la de sentirte mejor, manipular a la otra persona u obtener ventaja en algún aspecto, estas preguntas cortas y directas son un riesgo. Ya que dan fácilmente un giro inesperado a la conversación. Cambian directamente el significado de la conversación actual. Si tu intención, al usar la pregunta, es la de contribuir a un todo mayor, es la de ponerte al servicio de ese todo mayor, entonces estas preguntas cortas y directas se vuelven poderosas. Entonces el efecto directo es menos importante. Más aún, es probable que la persona a la que le has hecho la pregunta vuelva al cabo de un rato y te diga, *"Me has hecho pensar"*, o *"No me gustó en ese momento, pero si soy honesta conmigo misma, era necesario"*.

Algunos ejemplos:

- ¿Dónde se está dando realmente la diferencia?
- ¿Qué no está siendo suficientemente respetado aquí?
- ¿Existe realmente este lugar?
- ¿Cómo tomas tu lugar?

> **¡Practica!**
>
> Ponlo en práctica: Simplemente empieza a practicar con esta técnica. ¡Pruébala! Elimina las comas de tus preguntas. Escribe la pregunta que pretendes formular y descubre cómo formularla con tan sólo cuatro palabras, máximo seis. Sé sucinto y claro en tu propia reflexión. Puedes compartir esta reflexión, por ejemplo, en un grupo de intervisión, o con tu coach.

4 Las Preguntas que Mueven se refieren a lo desconocido

El lenguaje de las Preguntas que Mueven es, a menudo, algo abstracto. Tus referencias no son específicas, sino que se centran en lo desconocido. Milton Erickson fue uno de los primeros en investigar de forma exhaustiva sobre esto. Sobre los efectos del lenguaje *"ingeniosamente vago"*. Sus descubrimientos se han adoptado en distintas disciplinas como la publicidad, la política o la comunicación. Muchas de las técnicas de programación neurolingüística (PNL) se basan en sus hallazgos.

Existe una diferencia crucial respecto a las Preguntas que Mueven: explícitamente no usas el lenguaje abstracto para influenciar en tu interlocutor. No pretendes que nadie, como resultado de tu pregunta, tome la opción que tú quieres que tome. Porque las Preguntas que Mueven son invitaciones.

Lo dejas lo más abierto posible para invitar a la otra persona a que responda desde más allá de lo visible. Dado que tú no precisas de qué se trata, se crea un espacio amplio que abarca más allá de los síntomas y los indicios. La respuesta puede venir de mundos insospechados. ¡Exactamente lo que quieres!

Una fórmula típica para empezar es "*¿Para quién o para qué...?*". En general, sin más explicaciones. Mantenlo así, vacío. Deliberadamente te estás asegurando de que la pregunta puede ser interpretada de varias maneras. Cuando preguntas sobre "quién", estás preguntando sobre alguien. Al incluir el concepto "qué", de repente también puede tratarse del papel o la función desde la que la persona actúa. La perspectiva cambia de la persona a la función. Estás hablando de algo completamente distinto. Algo que puede ser un valorimportante dentro de una organización. O un hecho traumático. O..., o..., o... Una Pregunta que Mueve permite que lo que quiere ser, sea.

Otra segunda fórmula típica en las Preguntas que Mueven, es preguntar qué es lo que se debilita o lo que se fortalece. ¿Quién o qué se fortalece con la decisión? ¿Quién o qué se debilita con la decisión X? La pregunta sobre qué se fortalece o se debilita, coloca la situación en un marco mayor. Ya no sólo le preocupa ese sistema individual, sino que lo sitúa en un contexto. Un contexto con otros sistemas. Sistemas que también pueden influir, y que lo hacen.

Una técnica de conversación muy conocida es la ERP (en inglés LSD): Escuchar (Listen), Resumir (Summarise) y Profundizar (Dig deeper). Está en el polo opuesto al de las Preguntas que Mueven, en las que escuchas, sí, pero no resumes. Un resumen es, a menudo, una proyección de tu mundo. Además, un resumen se convierte rápidamente en una mano que toma el timón, dirigiendo desde atrás. Incluso sin pretenderlo. En lugar de eso, con las Preguntas que Mueven lo mantienes genérico y abstracto, refiriéndote a "esto". Por ejemplo: "*¿Qué edad tienes cuando dices esto?*".

Siempre mantienes el campo, el terreno de lo que trata la pregunta, lo más abierto posible. La persona a la que le haces la pregunta sabe muy bien dónde puede encontrar las respuestas. En un resumen sólo puedes recoger lo visible. Pero con una referencia abstracta como "esto", puedes ir más allá de lo visible.

Algunos ejemplos:

- ¿A quién o a qué le pertenece esto?
- ¿A quién o a qué refuerza esto? ¿A quién o a qué debilita?
- ¿Dónde te encuentras? ¿Has estado siempre ahí?
- ¿Quién y qué forma parte de este sistema? ¿Quién más? ¿Qué más?

> **¡Practica!**
>
> Ponlo en práctica: Escoge una noticia de un periódico, o de cualquier otro medio, aunque es más sencillo trabajar con un documento impreso. Escribe brevemente de qué piensas que trata la noticia. Luego formula tres preguntas sobre la noticia que se refieran a lo desconocido. Puedes usar las preguntas de los ejemplos o crear tus propias preguntas. No importa si no conoces las respuestas, ya que se trata de las preguntas. Ahora escribe de nuevo de qué piensas que trata la noticia. ¿Qué diferencias encuentras?

5 Las Preguntas Que Mueven no tienen que resolver nada

Formular una Pregunta que Mueve es, en realidad, realizar una investigación. Con la Suposición implícita de que esta investigación contiene el principio de la solución. Las preguntas nunca ofrecen una solución o una sugerencia. Las Preguntas que Mueven no tratan de objetivos o de situaciones deseadas. Las Preguntas que Mueven son siempre sobre el aquí y el ahora. Sobre cómo es aquí y ahora. Las Preguntas que Mueven tampoco tratan sobre el pasado. Se trata de una investigación, no de un análisis. Por supuesto, las preguntas analíticas pueden ser muy útiles, pero son un tipo de preguntas totalmente distintas a las Preguntas que Mueven.

Para la mayoría de personas que empiezan a trabajar con ellas, este es uno de los aspectos más complejos de las Preguntas que Mueven: que no tienes que resolver nada. Que deliberadamente no apuntas a un objetivo específico. No es de extrañar que esto sea tan difícil. En tu vida cotidiana se te llama constantemente a resolver problemas y a establecer objetivos. Incluso puedes haber llegado a creer que es aquí donde reside tu valor añadido, en el resolver problemas para los demás. No lo olvides: con las Preguntas que Mueven incorporas algo. No tienes que desaprender nada. Mantén tu orientación a la solución, tu enfoque analítico y los objetivos deseados. Y, a eso, agrégale algo: agrégale la posibilidad de poder prescindir de todo eso.

Los objetivos y las soluciones se centran en lo que es visible, provienen de ahí. Las Preguntas que Mueven se centran en lo que está más allá de lo que se ve. A menudo, la combinación funciona muy bien: empiezas la investigación, la preparación y la valoración utilizando Preguntas que Mueven. En la implementación, trabajas con los objetivos y con elenfoque a la solución. Tan pronto te des cuenta de que, durante la implementación, algo requiere más esfuerzo de lo esperado, más del que sería apropiado, entonces utiliza las Preguntas que Mueven para investigar si hay algo atascado más allá de lo que se ve.

Al utilizar las Preguntas que Mueven como herramienta de investigación, te colocas en una posición de neutralidad ante la situación actual. En cuanto tu pregunta tenga un objetivo, por ejemplo el desear un cambio, automáticamente pasas a tener una opinión acerca de la situación actual: no es suficientemente buena. Si fuera suficientemente buena, no sería necesario ningún objetivo, desear un cambio. Al incluir un objetivo en tu pregunta, descalificas la situación actual y, con ello, toda la atención, el tiempo, la energía, el amor y todo lo que ha sido necesario para poder llegar a esa situación actual.

Si simplemente quieres saber por qué algo es como es, o saber qué movimiento sería posible, no descalificas a nada ni a nadie. Lo incluyes todo y a todos. La inclusión es una de las leyes que pertenecen a lo que está más allá de lo visible. Si algo o alguien se siente descalificado, eso o esa persona hará — inconscientemente — cualquier cosa para ser vista. Y, por tanto, aquello que está atascado se atascará todavía más.

Y se trata de esto: precisamente porque las Preguntas que Mueven se abstienen por completo de sugerir respuestas o resultados, las soluciones surgen por sí mismas. Tu Pregunta que Mueve a veces redefine completamente la situación actual, añadiendo información de más allá de lo que es visible. Lo que hace que la solución sea obvia. O que, con esta nueva información, aquella intervención planificada ya no parezca tan apropiada (¡ahorrándote así un gran esfuerzo!).

El uso de las Preguntas que Mueven es muy apropiado en casos de resistencia. Especialmente cuando no comprendes por qué alguien ofrece tanta resistencia. ¡No te equivoques! ¡Ofrecer resistencia es un trabajo duro! Quien ofrece resistencia, a menudo sabe algo que los demás no saben. Está conectado a algo que pocas personas pueden ver. Con un conocimiento que es esencial y que está en peligro de perderse. Por ejemplo, cuando se implanta un nuevo proceso. O cuando algún valor que fue fundamental para el crecimiento de la organización, ahora se deja de lado.

Como las Preguntas que Mueven están vacías y no se dirigen a una solución (eliminar la resistencia), crean el espacio para que todo pueda ser. La resistencia es tomada por lo que es, en lugar de quererla eliminar. A menudo, una vez que el empleado sabe que ese conocimiento o ese valor ha sido visto, se convierte en el mejor embajador del cambio, incluso haciendo valiosas aportaciones y propuestas para dar un nuevo significado a ese conocimiento o a ese valor.

Algunos ejemplos:

- ¿Qué o quién es olvidado fácilmente?
- ¿Cuál es el precio de cambiar? ¿Quién paga este precio?
- ¿Qué orden se aplica aquí? ¿Por qué razones?
- ¿Para qué este problema no es todavía lo suficientemente grande?
- ¿Qué es lo que te hace tener este problema?

> **¡Practica!**
>
> Ponlo en práctica: Durante un día, no resuelvas nada. Al día siguiente podrás seguir resolviendo cosas, pero en el que hagas este experimento, no resuelvas absolutamente nada. Cada vez que tengas la tendencia de resolver algo, hazte una de estas preguntas. En voz alta, o internamente para ti. Al final del día, reflexiona sobre tus experiencias.

6   Las Preguntas que Mueven alejan el zoom, nunca lo acercan

En muchas técnicas de conversación, exploras cuál es el funcionamiento exacto de algo. Quieres medir. Quieres conocer los detalles. En la PNL, por ejemplo, se aprende a utilizar todos los sentidos y a describir las experiencias, con la mayor precisión posible, a través de cada sentido. Son técnicas excelentes para poder manejar las abstracciones. Un objetivo abstracto se convierte en concreto y manejable cuando lo divides en partes. Acercas tu objetivo o tu problema.

Un sistema hace esto de forma natural. Automáticamente acerca el zoom sobre algo. Desea saber más. Los detalles sutiles se vuelven importantes.

> Si no estás habituado a escuchar música clásica es posible que, al principio, sólo escuches la fanfarria de la orquesta en su conjunto. O las notas más altas del cantante en un aria. Como si sólo pudieras escuchar el exterior. A medida que te familiarizas con la música clásica, y vas formando más parte del sistema de "los oyentes de música clásica", empiezas a percibir más detalles. Empiezas a distinguir entre los instrumentos de viento y los de cuerda, incluso tal vez entre los violines y las violas. Sin hacer nada de manera consciente, se abre un mundo de detalles y de diferencias cada vez más pequeñas.
>
> Y lo mismo puedes decir sobre la música hardcore. O la disco.

> O el R&B. Como alguien ajeno al sistema, todo suena igual. Tan pronto como empiezas a pertenecer, descubres todo tipo de diferencias y detalles.

La tendencia natural es la de ir más hacia el detalle, querer saber más. Así que, para ello, no tienes que hacer nada. Eres, por así decirlo, arrastrado a completar el sistema. Esto es algo complicado, ya que de esta manera te atascas más y más. Aunque se ven mejor los detalles, se pierden de vista las conexiones. Una de las características de los sistemas es que siempre forman parte de un sistema más grande. (En el capítulo 5 puedes leer más acerca de los sistemas y de sus características).

Es por esto que las Preguntas que Mueven nunca acercan el zoom. Esto es algo que el sistema hace de forma natural. Las Preguntas que Mueven lo alejan. Te ayudan a liberarte y a ver las conexiones más grandes. Para descubrir de qué conjunto más grande forma parte la situación actual.

Algunos ejemplos:

- ¿Quién o qué da demasiado?
- ¿Cuál es el destino (real) de esta organización?
- ¿A quién o a qué deberías ser infiel si resolvieras este problema?
- ¿Qué es lo primero que hubo aquí? ¿Y dónde notas eso aún?
- ¿Qué es lo que no hay que mirar ahora que esta pregunta está aquí?

¡Practica!

Ponlo en práctica: Puedes poner esto en práctica mientras participas en una reunión. Una de esas a las que tengas que asistir, pero que no sea demasiado interesante. ¡Así puedes crear el espacio para jugar un poco! Escucha atentamente las preguntas que se hacen. Esapregunta ¿acerca o aleja el zoom? Si alguien hace una pregunta que lo acerca, tu haz

> una que lo aleje. Fíjate en qué preguntas ayudan a explorar el tema de la reunión. ¿Cuál es el efecto de acercar el zoom y cuál es el efecto de alejarlo?

7 Las Preguntas que Mueven juegan con el significado de las palabras

Para liberar lo que está atascado, las Preguntas que Mueven utilizan giros inesperados del lenguaje, o juguetean un poco con él. En las Preguntas que Mueven, algo que no se desea puede ser tomado como algo valioso. Al fin y al cabo, eso que no se desea es una solución para algo.
Los monologuistas son buenos en esto. Toman un hecho sobre el que todos pensamos más o menos igual. Colocan este hecho en un contexto distinto, o le dan la vuelta. La técnica que utilizan es la de, internamente, decir sí a todo. Dirigen su intención, la calidad de su presencia, de tal manera que todo pueda estar presente. Así que, lo contrario de lo que pensamos, puede ser cierto también.

> Las evaluaciones para la valoración del desempeño habían llegado de nuevo. Una colega que ya tenía su evaluación, había obtenido una valoración modesta. No estaba de acuerdo, y lo comentó con sus colegas: "Me tiene manía. Siempre he tenido buenas valoraciones, pero desde que ella llegó, parece que ya no haga nada bien. Los ejemplos que me dio no tenían ningún sentido, esos errores no fueron por mi culpa. He estado haciendo este trabajo durante años, y sé cómo hacerlo". Y continuó. "No voy a aceptarlo. Voy a presentar una queja formal y, si es necesario, contrataré a un abogado. Esto podría dañar mi reputación".
> Un colega, cansado de sus quejas, le dijo: "Supongamos que esta valoración modesta fuera, en realidad, un consejo velado. ¿Cuál sería ese consejo?". Se hizo el silencio. Con una simple pregunta, se acababa de abrir todo un mundo de nuevas posibilidades.

Jugar con el significado de las palabras es sólo efectivo si se hace desde una presencia de alta calidad. Si tu presencia se tambalea un poco, es mejor que uses una regla distinta para formular Preguntas que Mueven. Ya que, al cambiar el significado de una palabra puedes, sin quererlo y sin advertirlo, incorporar alguna sugerencia. Como es evidente en el ejemplo de la valoración del desempeño, su colega estaba de acuerdo en que la valoración había sido modesta. Si mantienes una presencia de alta calidad, tu pregunta trasciende eso fácilmente.

Algunos ejemplos:

- ¿Podrías soportar dejar de tener este problema?
- ¿De dónde debería venir el permiso para resolver el problema?
- ¿Quién es el verdadero líder? ¿En qué lugar?

> **¡Practica!**
>
> Ponlo en práctica: Escribe entre tres y cinco preguntas que escuches a menudo a tu alrededor. ¿Qué preguntas usa a menudo la gente? Reformula esas preguntas como Preguntas que Mueven, cambiando el significado de las palabras. Dale un giro inesperado a una palabra, o usa una palabra en el sentido contrario, o haz una exageración grotesca. ¡Esta regla te invita a jugar!

8 Las Preguntas que Mueven introducen una perspectiva nueva

La forma en la que experimentas el mundo que te rodea es subjetiva. Es el resultado de lo que piensas sobre las percepciones que tienes y, por lo tanto, que sientes. Las observaciones que haces tampoco son objetivas. Si planeas comprarte una casa, verás casas en venta en todos los sitios a los que vayas. Sin saberlo, filtras tus observaciones de acuerdo a tus expectativas, deseos y opiniones.

A veces, esta subjetividad hace que una situación se atasque. Tus expectativas, deseos u opiniones provienen del pasado. Son respuestas que en aquel momento fueron apropiadas. Internamente sigues conectado a un hecho que ya terminó. El mundo que te rodea está cambiando constantemente. Si proyectas expectativas, deseos u opiniones al respecto, siempre te mantendrás algo atrasado en aquella realidad. La nueva perspectiva que ofrecen las Preguntas que Mueven es una invitación a dejar de lado tus sentimientos sobre aquella experiencia, y traerlos al aquí y ahora.

> En un evento de networking, un emprendedor ofreció una presentación. Junto a su socio, diseñaban páginas web. Cada presentación acababa con la petición de algún tipo de ayuda por parte del ponente. Este emprendedor habló acerca de cómo, cada vez que acababa un proyecto, tenía que empezar de nuevo a buscar nuevos clientes.
> La respuesta a su petición de ayuda fue una Pregunta que Mueve: *"¿Qué eres primero, un diseñador de páginas web? ¿O eres un emprendedor? ¿O eres un emprendedor que diseña páginas web?"*
> Años después, todos los presentes recuerdan todavía esa pregunta. Abrió una perspectiva totalmente nueva, y no sólo al diseñador de webs.

El efecto de una nueva perspectiva bien elegida, es que replantea totalmente la situación. Al formular la pregunta, asegúrate de que ofreces suficiente espacio para elegir. Como interrogador, por tanto, no determinas exactamente el marco. Propones dos sugerencias. De forma que la otra persona pueda sospesarlas, una respecto a la otra. También es posible que estés completamente equivocado con tus sugerencias. Pero esto, en realidad, no importa mucho ya que no se trata de la respuesta, sino del proceso que se inicia con la pregunta.

Algunos ejemplos:

- ¿La solución debería venir a ti, o es mejor si vas a buscarla tú mismo?
- ¿Qué se necesita? ¿Más de lo mismo, o la capacidad de crear algo totalmente nuevo?
- Si el problema no te pertenece a ti, sino a la organización / a la sociedad / a los signos del tiempo... ¿quién o qué puede desencadenar el movimiento?

> **¡Practica!**
>
> Ponlo en práctica: Escoge una pregunta de los ejemplos. Utilízala en cuantas más situaciones distintas mejor, al menos en tres. Reflexiona sobre las nuevas oportunidades que emergen al usar esta pregunta. Después, usa esa misma pregunta, pero adáptala un poco. Sin añadir demasiado contenido, conviértela en tu propia Pregunta que Mueve.

Respuestas a las Preguntas que Mueven

Las Preguntas que Mueven pueden ser muy diversas. Existe una gran variedad de ellas (lee, por ejemplo, el párrafo sobre el silencio en el Capítulo 2). Pero hay algo que aplica a todas las Preguntas que Mueven: no se trata de la respuesta. Se trata de formular la pregunta. Del movimiento. Una respuesta — tenga o no sentido — a tu pregunta, a menudo ni siquiera es necesaria.

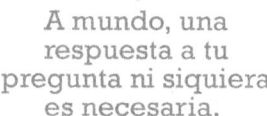

A mundo, una
respuesta a tu
pregunta ni siquiera
es necesaria.

A menudo, el formular Preguntas que Mueven es también cuestión de sentir. Sentir qué pregunta importa. Tú formulas tu pregunta. Entonces permites que tu antena haga su trabajo. Siente si tu cuerpo reacciona, y de qué manera lo hace. Sólo entonces das el siguiente paso. A veces haces varias preguntas seguidas, sin responder con palabras a ninguna de ellas. De esta forma puedes buscar, más allá de lo que es visible, dónde está la información, la información que ahora importa.

Debes saber que, cualquiera que sea la pregunta que formules, siempre obtendrás, al menos, tres tipos de respuesta: lo que dice la otra persona, cómo reacciona la otra persona, y cómo reacciona tu cuerpo. Esas tres respuestas tienen el mismo valor. La mayoría de personas sólo escuchan un tipo de respuestas, y se "olvidan" de escuchar uno o los dos otros tipos. Y normalmente siempre se olvidan de escuchar los mismos tipos de respuestas
. A menudo es sorprendente combinar las tres respuestas en una sola historia. Para hacerlo, pregúntate en qué escenario podrían darse, de forma lógica, esas tres respuestas.

Ponlo en práctica: ¿Qué tipo de respuesta escuchas siempre? ¿Qué tipo de respuesta no escuchas nunca? Céntrate en estas últimas. Haz que la respuesta que dé el cuerpo sea lo más específica posible. Sin hacer ningún tipo de interpretación. *"Justo antes de responder, hizo una profunda inspiración"*. O *"Cuando le hice la pregunta, ella se retiró un poco"*. Y también de tu propio cuerpo: *"Cuando iba a formular la pregunta, mi boca se quedó seca"*. O *"Al hacer la pregunta sentí un sofoco"*.

Para formular
Preguntas
que Mueven,
sigue tu instinto
¡y disfruta!

Capítulo 5

De donde surgen sus preguntas

Preguntas que Mueven   Siets Bakker

5 De donde surgen sus preguntas

Existe un elemento muy relevante en las Preguntas que Mueven que todavía no hemos mencionado. De dónde surgen tus preguntas. La pregunta que formulas es una lente a través de la cual observáis tanto tú como la otra persona. Pero ¿cómo escoges esa lente? ¿De dónde obtienes la idea para formular una pregunta concreta?
Cuando entiendes los sistemas y cómo funcionan, puedes enfocar adecuadamente tus Preguntas que Mueven y dar sentido a las respuestas.

Sistemas

Un sistema es una unidad que consta de partes que están conectadas entre sí. Estas partes pueden ser personas, o las funciones que desempeñan. Pero también pueden ser las ambiciones o las razones por las cuales un producto ha sido desarrollado, o por las que una empresa ha empezado. Las partes de un sistema pueden ser personas, conceptos y deseos. De aquí y ahora, del pasado, o incluso pueden tener el potencial del futuro.

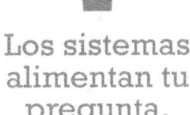

Los sistemas alimentan tu pregunta.

Dado que un sistema es una unidad, también tiene una identidad propia. Se convierte en algo que existe más allá de las personas que lo conforman. Así que puedes hablar de los sistemas de la misma forma que hablas de las personas. Un sistema tiene un nombre, una voluntad, un carácter.

Un sistema tiene un nombre, un voluntad, un carácter.

Un equipo es un sistema. Un equipo lo constituye tanto sus miembros, como el cómo estos se relacionan entre sí. Un grupo de personas que desempeñan el mismo trabajo, o tienen la misma tarea, pero no establecen conexiones entre sí, no son un equipo. Sólo es un conjuntode personas. En este caso, el sistema del equipo no existe o, en el mejor de los casos, es muy débil. Las interconexiones entre las partes de un sistema son tan importantes como las partes en sí mismas.

Supongamos que quieres comprarte un abrigo. Empiezas por buscar en Internet. Cuanto más sepas lo que estás buscando, más claro será tu criterio de búsqueda y mejores serán los resultados que obtengas. Pero si tú y tu mejor amigo utilizarais los mismos criterios de búsqueda, cada uno obtendría resultados distintos. Los programas de búsqueda en Internet no sólo incluyen en sus algoritmos aquello que conscientemente quieres. También incluyen lo que quieres inconscientemente (el programa de búsqueda lo determina de acuerdo a tu historial de navegación y de compra).

Escapar de esto no es algo sencillo. El programa de búsqueda toma decisiones que tú no conoces. Lo mismo ocurre en la interacción entre las personas. Las interacciones entre personas son, en realidad, interacciones entre sistemas.

Cuando formas parte de un sistema, la información que tienes (la que determina cómo te sientes, el significado que le das a lo que ocurre) no es sólo tuya. No proviene solamente de ti, o a través de ti. Tú eres parte de un todo más grande, más allá de lo que es visible. Tú eres parte de un sistema.

> ¿Cuán a menudo son increpados los empleados de banca por los incentivos ganados por los altos directivos de sus entidades? ¿O un afiliado a un partido político por los comportamientos y las decisiones tomadas por los ministros de su partido? ¿O los aficionados al fútbol por los resultados de su club? No son increpados como individuos, sino como representantes de esos sistemas.

No es sólo tuyo. Lo que es tuyo también pertenece al sistema del que formas parte.

Los comportamientos y las opiniones son expresadas en lo visible, pero obedecen a leyes que están más allá de lo visible. Los comportamientos y las opiniones que surgen de algo más grande que tú mismo, del sistema al que perteneces, se llaman "sistémicas". "Sistémico" significa algo así como "del sistema".

Los sistemas tienen las siguientes propiedades:

- Los sistemas tienen sus propias características.
- Los límites de tiempo y espacio no existen para los sistemas.
- Un sistema siempre forma parte de un sistema más grande.

Cada sistema tiene sus propias características

En este sentido, los sistemas son las personas, las funciones, los hechos, los valores o los productos que, juntos, conforman un todo. Y ese todo tiene sus propias características, no es una suma de sus partes. Precisamente porque todas esas partes se unen y están interconectadas entre sí, un sistema adquiere sus propias características. Te das cuenta de esto inmediatamente cuando empiezas a trabajar para una nueva empresa, o para un nuevo cliente. Puedes describir esa organización con su propio temperamento, su ambiente o su carácter. Tus suegros también son un sistema. Pero un sistema completamente distinto con características muy distintas a las de tu propia familia.

> El futbol y el hockey son deportes comparables. Ambos son deportes de equipo y se juegan en un contexto de clubes. Ambos son deportes populares, tanto entre los jóvenes como los adultos. Ambos se juegan normalmente al aire libre, sobre césped y con una pelota. Y sin embargo son deportes completamente diferentes. Es probable que, al leer todas estas similitudes, hayas empezado a sentirte incómodo. Esa es tu antena que reacciona diciendo: "No, esto no es correcto. El fútbol y el hockey son sistemas completamente distintos".

Si eres miembro de un equipo que consigue un gran éxito, no puedes reclamar ese éxito de forma individual. El éxito no es tuyo, es el éxito del equipo, el éxito es del sistema. Tú, por supuesto, has hecho una importante contribución al mismo. Sin ti ese éxito no hubiera sido posible. O hubiera sido distinto. Juntos habéis convertido las materias primas, o el conocimiento colectivo, en algo completamente nuevo, algo con propiedades distintas a las de la suma de sus partes.

> Una buena comida, o un cóctel, no es la suma de sus ingredientes. Estos se ha convertido en algo completamente nuevo, con características completamente nuevas y únicas. Una buena comida, o un cóctel, son también sistemas.

Lo mismo ocurre con los fracasos. Si eres miembro de un equipo que no puede rendir como se propone, no puedes asumir individualmente la responsabilidad de ello. O, como ocurre a menudo, culpar a una persona por ello. En un sistema, el todo es responsable del éxito o del Fracaso.

Si, ante un fracaso, eliminas el eslabón más débil, esto no significa que automáticamente vayas a obtener el éxito. ¡Porque los sistemas generan sus propios eslabones débiles! Esto tiene que ver con las leyes que siguen los sistemas.

Los límites de tiempo y espacio no existen para los sistemas

Una segunda propiedad de los sistemas es que cruzan los límites del tiempo y el espacio. Esto significa que algo que no está físicamente presente aquí y ahora, puede seguir perteneciendo al sistema. Tus abuelos ya fallecidos, todavía pertenecen a tu sistema familiar. Una factoría situada en la otra parte del mundo sigue perteneciendo al sistema de la organización que tiene su sede en los Países Bajos. Un emigrante, o un refugiado, siempre formará parte del sistema del país donde creció. Incluso si está completamente integrado y ha establecido totalmente la vida en su nuevo país. Un evento traumático acaecido en una organización, como por ejemplo un escándalo, un fraude, o un accidente laboral, todo ello se convierte en parte del sistema. Cada nueva incorporación sabe, mediante su antena innata, que ese evento forma parte del sistema.

Supongamos que vas de vacaciones a un precioso lugar en un remoto rincón del mundo. Donde estás realmente a gusto, sintiéndote como en casa. Meses, o incluso años más tarde, ya de nuevo en tu rutina diaria, te enteras que ha ocurrido una catástrofe natural en ese lugar. Ves las imágenes, y eso te afecta más de lo que te afecta ver imágenes similares de desastres similares ocurridos en cualquier otro sitio. Eso ocurre porque te has convertido en parte del sistema de ese lugar, te has conectado con él. Meramente como turista o viajero. Y esta conexión se puede mantener durante toda la vida, aunque jamás regreses allí.

Un sistema siempre está conectado a otros sistemas. No puede existir sin estar conectado

La tercera característica de los sistemas es que siempre forman parte de un sistema mayor. Todo está conectado. Una función concreta es parte de un equipo. Un equipo pertenece a un departamento. Un departamento pertenece a una organización. Una organizaciónpertenece a un sector industrial.

> La fusión entre la compañía neerlandesa KLM y la francesa Air France en 2003, muestra lo fuertes (e ilimitadas) que pueden ser estas conexiones. Desde el punto de vista empresarial, la fusión fue una buena idea: ambas compañías aéreas eran demasiado pequeñas para sobrevivir en el mercado actual. Además, pertenecen a países a los que les unen distintos elementos comunes: tanto los Países Bajos como Francia comparten episodios relevantes a lo largo de sus respectivas historias, ambos forman parte del grupo de países fundadores de la Comunidad Europea del Carbón y del Acero, organismo germinal de la actual Unión Europea, etc.
> No obstante, 15 años después de esa fusión, siguen operando como dos compañías independientes, manteniendo tanto ambas marcas, como la identificación de sus respectivas naves y tripulaciones, fruto de las muchas y fuertes conexiones con sus sistemas originales, anteriores a la fusión. Algo que todavía pueden sentir tanto los pasajeros neerlandeses como los franceses cuando embarcan en un vuelo de una u otra compañía.

Entre los sistemas, se da todo tipo de intercambios. De hecho, si un sistema cesa en este intercambio, deja de existir. Tiene sentido: si nadie quiere tener un determinado producto (¿recuerdas las cintas de video VHS?), éste deja de existir.
Este intercambio tiene que darse bajo ciertas condiciones: tiene que haber un equilibrio razonable entre lo que entra y lo que sale. Un producto que es demasiado caro, toma demasiado. Un producto que es demasiado barato, da demasiado. En ambos casos, el intercambio cesará.

> Las tiendas de moda reciben su ropa en toscas y enormes cajas cubiertas de etiquetas y albaranes. Dentro de esas cajas, la ropa viaja empaquetada al vacío en bolsas de plástico para aprovechar al máximo el espacio. Las personas que traba-

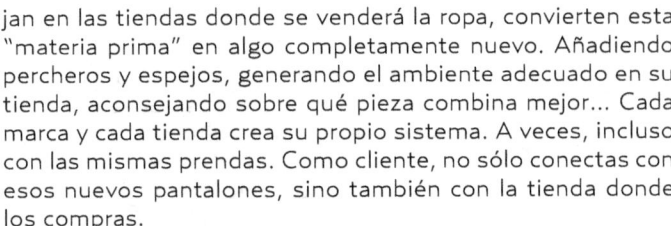

jan en las tiendas donde se venderá la ropa, convierten esta "materia prima" en algo completamente nuevo. Añadiendo percheros y espejos, generando el ambiente adecuado en su tienda, aconsejando sobre qué pieza combina mejor... Cada marca y cada tienda crea su propio sistema. A veces, incluso con las mismas prendas. Como cliente, no sólo conectas con esos nuevos pantalones, sino también con la tienda donde los compras.

Todos pertenecemos a docenas de sistemas. Entre ellos, hay uno destacadamente importante: tu sistema de origen, el de la familia en la que creciste. Este sistema ha establecido las normas para muchos otros sistemas. Además, fue el primer sistema al que perteneciste. Eso a lo que llamas hogar. Fuera como fuera; incluso si fue abominable.

Al igual que la persona con la que hablas, tú también perteneces a docenas de sistemas. Algunos los compartís, y otros son completamente distintos. Crecer en el norte de tu país no es lo mismo que crecer en el sur. Podéis compartir la posición que ocupáis en vuestras familias. Por ejemplo, ambos podéis ser los hijos menores (¡lo que inmediatamente genera un vínculo!), aunque no es lo mismo ser el hijo menor en una familia numerosa que en una familia más pequeña.

Tenemos una antena innata para reconocer sistemas. Como si, cuando vuestros sistemas se superponen, te sintieras inmediatamente como en casa junto a esa otra persona. Tu antena recuerda sin ningún esfuerzo la contraseña de esa red Wi-Fi. No tenéis que explicaros nada el uno al otro. Este reconocimiento te hace sentir junto a esa persona como en casa.

¡Practica!

Ponlo en práctica: Entrénate para aprender a reconocer sistemas. Lee el epílogo de tu libro favorito. ¿Qué sistemas son mencionados explícitamente por el autor? Anota también qué conexiones entre sistemas puedes reconocer, incluso si no se mencionan explícitamente.

El Pepito Grillo de los sistemas

En el cuento de Pinocho, Pepito Grillo representa la conciencia de la marioneta de madera que quiere convertirse en niño. Pepito Grillo susurra a Pinocho lo que está bien y lo que está mal. Unas veces Pinocho le escucha. Otras no. Cuando no le escucha, aparecen los problemas. Los sistemas también tienen conciencia. En los sistemas hay tres tipos de Pepitos Grillo, o de conciencias. Y cada una de ellas es distinta.

Las tres conciencias son:

- La conciencia del grupo.
- La conciencia del sistema.
- La conciencia universal.

La conciencia del grupo

La conciencia del grupo determina las reglas de tu familia o del grupo al que perteneces. Las reglas conscientes. Es la voz de Pepito Grillo que puedes escuchar y reconocer.

> Los padres de Harm siempre le habían dicho: *"Asegúrate de llegar siempre a la hora"*. *"Llegar tarde es una falta de respeto hacia las otras personas"*. Pensó que esto era algo que se aplicaba siempre. Cuando Harm llegó a la universidad, hizo nuevos amigos, los cuales normalmente llegaban tarde a clase. A menudo se reían de él, al verlo algo incómodo. Era una sensación extraña para él. Para formar parte de su grupo de amigos la norma era llegar tarde, mientras que en casa ocurría lo contrario. Harm se adaptó rápidamente al hecho de comportarse de manera distinta en uno y otro grupo.

Capítulo 5   De donde surgen tus preguntas

La conciencia es una tipo de sentido que no es solamente de la persona.

Si las normas del grupo te dicen que defenderse de manera agresiva, o robar, es algo correcto, entonces es totalmente normal que lo hagas. No te sientes culpable por ello, no ves ninguna razón para disculparte. Lo que en la conciencia de un grupo es un ataque terrorista, en la conciencia de otro grupo se ve como un acto de liberación.

La conciencia del sistema

La conciencia del sistema determina el conocimiento colectivo del grupo. En algún lugar, dentro de ti, tienes acceso a todos los recuerdos y deseos del grupo. Incluso aquellos que no están permitidos, aquellos anhelos y secretos ocultos. Sin que tú seas consciente de ello. Pero tan pronto te das cuenta de ello, reconoces que pertenece a ese sistema concreto.

> Harm había empezado la carrera de arquitectura. Muy en contra de los deseos de sus padres, que hubieran preferido que escogiera la carrera de medicina, como su madre. Veían la arquitectura como una actividad superflua, mientras que con la medicina, al menos podría hacer el mundo algo mejor. Cuando el abuelo de Harm supo que había escogido estudiar arquitectura, sus ojos se llenaron de unas lágrimas que provenían de lo más profundo de su corazón: él siempre había querido ser arquitecto. Pero debido a las circunstancias que tuvo que vivir, nunca tuvo esa oportunidad.

Si estudiar arquitectura no es una coincidencia, sino que viene de alguna parte, es posible que Harm, a través de su conexión con la conciencia del sistema, hubiera tenido acceso al deseo de su abuelo de ser arquitecto. Por lo que, de esta manera, Harm llenó un vacío que había en el sistema.

La conciencia universal

La conciencia universal es ligeramente distinta a la conciencia del grupo y a la conciencia del sistema. No es realmente una conciencia. Es más un flujo, un movimiento, una energía que trasciende los eventos, el tiempo, los grupos, que una conciencia en sí. Es más fuerte que el grupo, y más fuerte que el sistema. A partir de este flujo, la renovación es posible. Es como una fuerza que se eleva por encima de todo lo demás y que lo trasciende todo. También el bien y el mal.

> Incluso antes de acabar la carrera, a Harm ya le habían ofrecido un puesto de trabajo en el despacho de arquitectura en el que había realizado sus prácticas. Una buena oferta con un salario generoso. Aceptarla hubiera parecido ser la opción más lógica. Aunque Harm sintióel inexplicable deseo de trabajar junto a un pequeño emprendedor que tenía una obstinada visión acerca de las construcciones sostenibles. Años más tarde, juntos desarrollaron el diseño de las primeras micro-casas.

Si sólo dependiera de los individuos o de los grupos, muchos de los eventos actuales no se darían. O no se hubieran dado. *"No lo sabíamos"* es una frase habitual con la que algunas personas explican el Holocausto. En ese momento se sabía lo que estaba ocurriendo. Pero también había un movimiento mayor, demasiado fuerte para los individuos y para los grupos, que dirigía los acontecimientos. La caída del Muro de Berlín es otro buen ejemplo: de repente, ya había sucedido.

¿Qué más necesitas saber acerca de las conciencias?

Las conciencias, a veces se contradicen: seguir a tu corazón significa, en muchos casos, que tienes que ser infiel a la conciencia del sistema.

> Si le pides a un militar retirado que te hable de sus años de servicio, casi todos te hablarán de la camaradería. Eso es lo que añoran. A lo largo de todo el período de formación de los soldados, se presta mucha atención a construir una fuerte conexión con la conciencia del sistema. Una conexión sólida que pueda soportar suficiente presión. Si es necesario, desde la conexión con la conciencia del sistema está permitido disparar y matar a otra persona. La conexión con la conciencia del grupo hace que esto sea mucho más difícil. El Trastorno de Estrés Postraumático (TEPT), por ejemplo, es resultado de la conexión con la conciencia del grupo ("*¿Qué he hecho?*"), no con la conciencia del sistema ("*Yo formaba parte de algo más grande, no hubiera podido evitarlo*").

Las preguntas que formulas, y las respuestas que obtienes, siempre provienen de una de las tres conciencias. El hecho de que se te ocurra la idea de formular una pregunta concreta puede provenir de la conciencia del grupo, de la conciencia del sistema o de la conciencia universal. La pregunta que formulas surge de la conexión con una de las tres conciencias. La respuesta que obtienes tiene su origen en la conexión de la otra persona con cualquiera de las tres conciencias.

Hay una forma muy práctica de trabajar con las tres conciencias a la vez. Si tu pregunta inicial no resuena, si no genera movimiento, elige una de las otras dos conciencias como punto de partida.

O invita a la otra persona a responder desde una de las otras conciencias: "*¿Cuál sería tu respuesta si contestaras como representante de tu generación?*".

> **¡Practica!**
>
> Ponlo en práctica: Formula preguntas basadas en las tres conciencias. ¿Qué preguntarías desde tu conciencia individual? ¿Desde la conciencia del sistema? ¿Desde la conciencia universal? Las preguntas desde la conciencia universal son, a menudo, las más difíciles de pensar. Puedes usar la siguiente técnica: imagina que no eres tú quién encuentra la pregunta, sino que la pregunta te encuentra a ti. Mentalmente, invita a la pregunta a que venga a ti. Puede sonar un poco raro, pero a menudo funciona. También puedes usar las tres primeras preguntas del apartado *"Cuatro preguntas que te ayudarán a avanzar"*, del Capítulo 3. Practícalo junto a alguien que también conozca este libro. Esto te permitirá reflexionar mejor.

Tus sistemas

Ahora ya sabes algo acerca de los sistemas. Que los sistemas existen, con sus leyes invisibles. Qué es un sistema, y que tú formas parte de múltiples sistemas. Que todos estos sistemas proporcionan cierta información y generan impulsos, igual como lo hace el historial de búsqueda y de compras en tu buscador en Internet. Que algunos sistemas están siempre activos, como el de la familia en la que creciste. Que otros sistemas están latentes, y se activan según las circunstancias.

> Si alguna vez asistes a un encuentro de exalumnos de tu instituto, rápidamente verás que se reproducen las dinámicas de grupo que se daban en tus tiempos de estudiante. Inmediatamente sientes lo mismo que sentías en aquella época. A veces, cuesta cierto esfuerzo acceder a todo aquello que has aprendido desde entonces. Todo ese conocimiento, toda esa experiencia, todas esas habilidades, parecen diluirse ante la conexión con el pasado.

Capítulo 5   De donde surgen tus preguntas

Tus sistemas están siempre presentes. Así que, cuando formulas preguntas, también lo están. No importa si en ese contexto tú eres el hijo o la hija, un colega o el cliente. Todos los sistemas están presentes. Están todos activados ya que no puedes apagarlos. Pero el volumen con el que se muestra cada uno de ellos es distinto. Si dejas un sistema, cambiasde casa, empiezas a trabajar en otra compañía, o tienes una nueva pareja, el antiguo sistema se pone, por así decirlo, en estado de "hibernación". Te desconectas de él, ya no hay intercambio. Pero como los sistemas no están limitados ni en el espacio ni en el tiempo, nunca puedes apagarlos por completo. Tan pronto accedes a un nuevo sistema que se parezca en algo al anterior, las conexiones con este se reactivan. Como si lo hubieras vuelto a conectar. Algunos sistemas ni siquiera pueden ponerse en modo de "suspensión", como por ejemplo los sistemas de dónde naciste o cómo creciste. Porque fueron tan determinantes que, sin ellos, no serías quién eres.

Sin quererlo, percibirlo o saberlo, con tu pregunta envías señales con información de todos esos sistemas. La antena de la otra persona las capta a través de su cuerpo. El cuerpo puede procesar y convertir algunas de esas señales en información. Particularmente aquellas quereconoce, o con las que se siente conectado. Otras señales no resuenan y no pueden ser conectadas con nada, por lo que no tienen sentido y se disuelven desapareciendo.

Los sistemas están
siempre activados.
Intercambian
información
continuamente.

Por tanto, hay mucha información invisible e inconsciente que acompaña a cada pregunta que formulas. O, para precisar más, a cada interacción. Incluso los más formados, todos tenemos estos controles inconscientes. Inconscientes a nivel sistémico. La información y los controles del segundo y del tercer nivel, la conciencia del sistema y la conciencia universal, son siempre inconscientes. Tus sistemas y los de la otra persona están reaccionando constantemente entre sí. Mediante algoritmos desconocidos. Y en los tres niveles.

En determinadas profesiones, es muy importante ser consciente de qué tipo de información puede acompañar a tu pregunta. Por ejemplo si eres coach o terapeuta. Por esto, en la formación de profesionales de sectores como el social y el educativo, se dedica gran parte del tiempo a permitir descubrir a los estudiantes quién son y cuáles son sus motivaciones. En definitiva, a dar voz a sus sistemas.

Las preguntas que formulas, las ideas que tienes para generar cambios, dicen tanto de ti como de la otra persona. La información que se obtiene también es útil tanto para ti como para la otra persona. Porque, en base a tus sistemas, lo reconoces como algo relevante.

> **¡Practica!**
>
> Ponlo en práctica: Sé consciente de los sistemas a los que perteneces, y de cómo funcionan. Escribe cinco valores u opiniones. Opiniones que tengas sobre algo, valores que persigas, cosas que sean importantes para ti. Son tuyas, y también están conectadas a los sistemas a los que perteneces. Para cada uno de esos valores escribe, al menos, dos sistemas a los que pertenezcan.

Información de tus sistemas

Registra, durante algún tiempo, el tipo de preguntas que formulas. ¿En qué te enfocas normalmente? Si descubres algún tema recurrente, sabrás que esto dice más sobre ti que sobre tu entorno. Si, por ejemplo, te encuentras habitualmente en situaciones o con personas sin objetivos claros, es probable que tú mismo no tengas objetivos, o que estos no sean demasiado claros. Tu antena

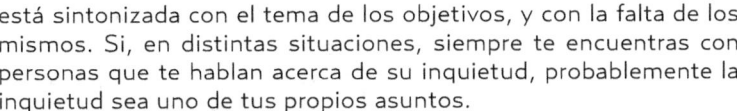

Capítulo 5   De donde surgen tus preguntas

está sintonizada con el tema de los objetivos, y con la falta de los mismos. Si, en distintas situaciones, siempre te encuentras con personas que te hablan acerca de su inquietud, probablemente la inquietud sea uno de tus propios asuntos.

Inconsciente e involuntariamente, con la energía que emiten las señales de tus sistemas, atraes tus propios asuntos. Esos que resuenan en ti de forma natural. Envías y recibes sus señales. Hay otras señales que ni siquiera captas, ya que no resuenan contigo. Tu antena no está sintonizada con esa frecuencia.

> Marianne era una compañera apreciada por todos. Cuando estuvo de baja por maternidad, recibió gran cantidad de regalos. De clientes, de compañeros y de proveedores. Nada espectacular, simplemente bonitos detalles. Esther era también una compañera apreciada por todos. Algunos meses más tarde, cuando fue ella quien estuvo de baja por maternidad, todo lo que recibió fue una tarjeta de sus compañeros más cercanos.

De una forma u otra, los sistemas de Marianne y Esther envían señales distintas a los sistemas de las personas con las que trabajan. De forma no consciente y no intencionada. El sistema de Marianne ofrece una disposición a recibir, que el de Esther no ofrece.

Las señales que parecen repetirse, contienen información importante.

Cuando las cosas parecen repetirse de manera aleatoria, las señales actúan a modo de espejo. Así es como tus experiencias te aportan

123

información acerca de lo que está ocurriendo en tu propio sistema, más allá de lo que es visible. Eso no es necesariamente positivo o negativo, simplemente es como es. Si puedes reconocerlo, entonces puedesutilizar este conocimiento para reforzar lo que está sucediendo, o para darle una nueva dirección.

Existen dos tipos de espejos muy comunes:

- Tienes que esforzarte más de lo que parecería razonable, para obtener resultados.
- La otra persona no responde a tu brillante pregunta.

A continuación se describen ambos espejos, incluyendo algunas preguntas para la autorreflexión.

Tienes que esforzarte más de lo que parecería razonable, para obtener resultados

Como todos, a veces tienes la sensación de que todo el mundo está en tu contra. Te esfuerzas, haces exactamente lo que tienes que hacer y, a pesar de esto, los resultados no llegan. De hecho, sientes como si algo se estuviera interponiendo deliberadamente en tu camino. Tienes que esforzarte más de lo que parecería razonable para poder conseguir losresultados. Pero empeñarte tanto en ello puede ser, a veces, una forma de evitar enfrentarse a algo. Por ejemplo, evitar enfrentarte a admitir que, tal vez, es el momento de irse. O que, en realidad, no eres la persona adecuada para este trabajo. Son, a menudo, aspectos personales y dolorosos de aceptar. Aunque tan pronto puedes aceptarlos, el todo vuelve a estar completo y los síntomas pueden desaparecer.

Algunas preguntas que puedes formularte son:

- ¿Qué estás proyectando en el trabajo?
- ¿Qué vacío está llenando el trabajo?
- ¿Qué es aquello que no haces al esforzarte tanto para alcanzar los resultados?

La otra persona no responde a tu brillante pregunta

A veces, formulas una pregunta con la intención de hacer una intervención, y la otra persona no responde. Tu pregunta cae en oídos sordos. ¡Una pregunta tan brillante! La vuelves a formular, de forma ligeramente distinta. Pero la otra persona sigue sin responder a tu brillante pregunta.

Estás formulando preguntas que no son para la otra persona, sino para ti mismo. Proyectas tus propias necesidades sobre la otra persona. No hay nada malo en ello, ¡pero es útil saberlo!

Algunas preguntas que puedes formularte aquí son:

- ¿A quién estoy formulando en realidad esta pregunta?
- ¿Quién está resonando con esta pregunta?
- ¿Estoy dispuesto a responder yo mismo a esta pregunta?

> **¡Practica!**
>
> Ponlo en práctica: Comprueba si las señales que recibes son en realidad espejos, formulándote las siguientes preguntas:
>
> - Cuando alejas el zoom, ¿cuál es la analogía?
> - Supón que esto (la repetición) es la primera parte de una película, y que tú eres el guionista. ¿Cuál sería un buen giro argumental para la segunda parte de la historia? ¿Qué desencadenaría ese giro argumental?
> - Piensa en los acontecimientos como si fueran amigos. Unos buenos amigos cuya presencia fuera un regalo para ti. ¿Cuál sería ese regalo?
>
> Determina, en base a tus respuestas, qué significado le das a las señales, y actúa de acuerdo a ello.

Preguntas que Mueven   Siets Bakker

Un sistema tiene
un nombre,
una voluntad,
un carácter.

Extra

Las leyes de los sistemas

Preguntas que Mueven   Siets Bakker

Extra
Las leyes de los sistemas

¡Este capítulo es extra! Estrictamente hablando, para trabajar con las Preguntas que Mueven no es necesario que conozcas las leyes de los sistemas. A estas alturas, ya sabes todo lo que necesitas saber para trabajar con ellas. Simplemente aplícalo. Experimenta. Comete errores y aprende. ¡Y disfruta de cada paso! Este último capítulo te permite conocer un poco más. Si es que quieres conocer un poco más sobre cómo funciona lo que hay más allá de aquello que se ve.

Conocer estas leyes te ayuda a reconocer lo que sucede en el mundo que te rodea. Para, al menos, tener una idea de las razones por las que unas veces parece que todo esté en tu contra, y otras parece que todo fluya fácilmente. El conocimiento de estas leyes te ofrece una dirección cuando te encuentras estancado. Estar estancado implica que no hay movimiento, que no hay flujo. Todo, desde lo más grande a lo más pequeño, está en movimiento. La falta de movimiento es algo que va en contra de lo que es natural y, por tanto, consume energía. Si conoces estas leyes, podrás conocer la causa de esta falta de movimiento.

Las leyes de los sistemas

Las leyes de los sistemas son universales. Aplican siempre y en cualquier lugar. No tienes que creer en ellas, no son opiniones. Estas leyes fueron formuladas por primera vez por Bert Hellinger.

Hellinger (1925 - 2019) fue un psicoterapeuta fenomenológico. "Fenomenológico" significa que se trabaja teniendo sólo en cuenta la información que se percibe. Y nada más. No trabajas en base a un modelo o a una hipótesis, sino sólo con lo que percibes en ese momento. En la otra persona y en ti mismo. El trabajo fenomenológico es la base de las Preguntas que Mueven. Si te preparas bien, puedes percibir más y mejor, con más precisión. La pregunta que formulas es una invitación. La pregunta, en sí misma no propone ninguna dirección, no tiene ningún contenido. Cuando formulas la pregunta, no partes de un modelo concreto o de una hipótesis particular.

A lo largo de sus observaciones, Hellinger descubrió ciertos patrones. Por ejemplo, descubrió que había ciertos órdenes en las familias. Y que, si estos órdenes estaban claros, había calma. Los miembros de las familias eran más libres para poder moverse, podían respirar mejor y experimentaban menos estrés. A finales de la década de los 80 del pasado siglo, sus descubrimientos despertaron gran interés. Primero entre sus colegas, terapeutas alemanes y, poco después, surgió todo un movimiento en el que el trabajo sistémico se realizó mediante las constelaciones sistémicas. Personajes como Jan Jacob Stam, GunthardWeber, Stephan Hausner, Marianne Franke, Franz Ruppert, Mathias Varga von Kibed y muchos otros, extendieron el campo de estas observaciones a las organizaciones, los movimientos sociales y a otros campos como los de la salud y la educación de los hijos.

Las leyes sistémicas son el resultado de esas observaciones. Por tanto, no son ni puntos de vista ni opiniones, sino leyes universales siempre presentes. En cualquier sitio.

Desde entonces, estas leyes han recibido distintas denominaciones. Aquellos que han desarrollado su propio subcampo en el trabajo sistémico fenomenológico, han escogido la denominación que mejor se ajusta a ese nuevo subcampo. Realmente no importa cómo lasllames. Se trata de reconocerlas y de que te ayuden a generar movimiento cuando algo se encuentre atascado.

Primera ley: ¿Por qué el juego de las sillas musicales es tan emocionante?

Un sistema quiere estar completo. La regla es simple: todos aquellos que están conectados al sistema, tienen derecho a un lu-

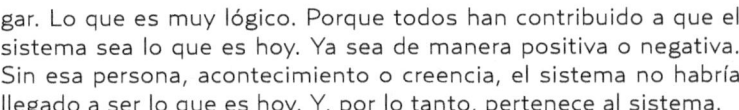
Extra Las leyes de los sistemas

gar. Lo que es muy lógico. Porque todos han contribuido a que el sistema sea lo que es hoy. Ya sea de manera positiva o negativa. Sin esa persona, acontecimiento o creencia, el sistema no habría llegado a ser lo que es hoy. Y, por lo tanto, pertenece al sistema.

No poder seguir perteneciendo, es el peor castigo que podemos darnos.

Un método, utilizado a menudo por las "Supernannys" de los programas de televisión, para criar a los niños es excluirlos. El niño, en plena rabieta, es excluido temporalmente de la vida familiar. Tres minutos en el rellano, o fuera de casa, sólo, sin atención. Pertenecer es la necesidad más importante del niño, y en el momento en el que entiende lo que tiene que hacer para volver a pertenecer, ese comportamiento no deseado cesa. Pero para los padres, excluir a los niños es emocionalmente difícil. Porque es antinatural. Lo que es natural es que todos los que pertenecen a un sistema, incluido el niño con su rabieta, tengan un lugar en el sistema. Y ese lugar no está en el rellano ni en el pasillo.

Algunas personas pasan por experiencias horribles durante su infancia. A veces provocadas por sus propios padres. Alguien te cuenta la historia de su vida y dices: "*¡Qué padres tan terribles tienes!*" Si estuviera en tu lugar, no querría volver a verlos nunca más. ¡Es horrible!. Lo más probable es que recibas una respuesta del tipo: "*Sí, pero son mis padres. Y también tenían cosas buenas. Sin esos acontecimientos, nunca me hubiera convertido en quien soy ahora*". Esta es una reacción completamente natural, a pesar de todas las adversidades por las que hayan podido pasar. Los padres, los acontecimientos traumáticos y las aptitudes desarrolladas a partir de esos acontecimientos, todo ello pertenece al sistema familiar.

Los sistemas familiares tienen algo único y especial: un vínculo de sangre que asegura que nunca se puede dejar de pertenecer a ellos. Tienes una familia, y siempre pertenecerás a ella. Incluso si no vuelves a hablarte con ella nunca más. Incluso cuando han sucedido cosas horribles. Incluso si eres adoptado. En este caso, tienes la familia con la que compartes tu vínculo de sangre, y la familia en la que creciste.

Cuando se corta el contacto con un miembro de la familia, ocurre como con una herida abierta que nunca puede sanar por completo. Incluso aunque las razones por las que no hay ningún contacto sean totalmente comprensibles. En algún lugar más allá de lo visible, siempre sentirás como algo que te afectará, que te roerá por dentro. Con una fuerte voluntad, y dándote las explicaciones que necesites, puedes llegar a vivir cómoda y felizmente en lo visible, a pesar de esa herida abierta. Pero siempre existirá ese espacio disonante, vulnerable. Esto es debido a esta ley que hace que los sistemas quieran estar completos. No importa cuánto tiempo haya transcurrido desde el último contacto, o cuáles fueron las circunstancias del mismo.

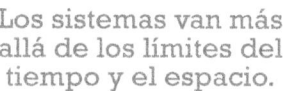

Los sistemas van más allá de los límites del tiempo y el espacio.

La Segunda Guerra Mundial forma parte del sistema "ser neerlandés". Su historia colonial en Indonesia, y el negocio de esclavos con Surinam, por ejemplo, también forman parte de ese sistema. Pero también la construcción de diques y el bombeo de agua para mantener secos los pólderes. Ninguna sociedad en el mundo es tan buena para llegar a consensos como la neerlandesa. Tenemos que hacerlo. De lo contrario

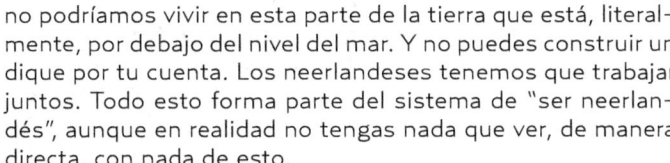

Extra Las leyes de los sistemas

> no podríamos vivir en esta parte de la tierra que está, literalmente, por debajo del nivel del mar. Y no puedes construir un dique por tu cuenta. Los neerlandeses tenemos que trabajar juntos. Todo esto forma parte del sistema de "ser neerlandés", aunque en realidad no tengas nada que ver, de manera directa, con nada de esto.

La nacionalidad y la religión son dos tipos de sistemas que no pueden abandonarse fácilmente. Como ocurre con las familias, estos sistemas han sido tan formativos para ti que, sin ellos, hoy no serías quién eres.

La ley que hace que los sistemas quieran estar completos, la que rige el juego de las sillas musicales, también aplica a las organizaciones. En las organizaciones, las personas que hoy trabajan allí, los productos, los conocimientos y las capacidades que permiten hacer esos productos, los clientes, ... todos pertenecerán siempre a ellas. En resumen, todo lo que ha hecho posible que la organización exista en su forma actual, es parte del sistema de esa organización. Incluyendo los competidores, la legislación, los escándalos, los inversores y los fundadores.

No todas las partes del sistema son igualmente importantes. Podría decirse que cada parte del sistema tiene su propio nivel de volumen, y que el control que regula ese nivel de volumen particular está en determinada posición. Cuanto más participa una parte en el aquí y el ahora, más alto es su volumen. En las organizaciones, los empleados que trabajaron en la organización hace diez años, también pertenecen al sistema, pero su volumen es muy bajo. Un producto que todavía no existe, pero que está en pleno desarrollo, tiene un volumen muy alto.

El incluir no es siempre fácil. Ciertamente no es fácil si aquel o aquello que pertenece al sistema te hace sufrir. Incluyendo a aquella hermana que no toma parte en el cuidado de vuestra madre demente. O el tomarte en serio a tu jefe, mientras ves los efectos de todos sus errores. Ellos forman parte de los sistemas de tu familia y de tu organización. Si no puedes reconocer eso, si no puedes darle el lugar que les corresponde, de acuerdo a esta ley sistémica, entonces algo se atasca en algún lugar más allá de lo que es visible. Y se acaba manifestando en lo que es visible en forma de cualquier posible tipo de síntoma.

La solución está oculta en el propio hecho de querer estar completo. Reconocer que quién o qué ha sido excluido tiene derecho a ser parte del sistema, crea inmediatamente el espacio necesario. Este reconocimiento puede venir de cualquier parte del sistema. Aunque el reconocimiento de un jefe generalmente tiene un efecto mayor que el de un compañero de departamento.

El juego de las sillas musicales es tan emocionante porque coquetea con la ley por la que los sistemas quieren ser completos. Flirtea con la pertenencia. Sabes que, expresamente, no hay sitio para uno de los participantes.

Segunda ley: ¿Por qué siempre quieres saber cuál de los dos gemelos es el mayor?

Un sistema es un todo que es distinto a la suma de sus partes. La primera ley enseña que todas las partes pertenecen al sistema, más allá de los límites del tiempo y del espacio. Pero entre las partes mismas existe una jerarquía, un orden. No todas las partes tienen la misma influencia o son igual de importantes.

La regla general es que cuanto mayor sea su contribución al sistema, más alto será su lugar en el orden jerárquico. Cuanto más tiempo hace que perteneces a un sistema, cuanto más has contribuido, más alto es tu lugar en el orden. Cuanto más especial sea tu contribución, cuanto más contribuyas, más alto es tu lugar en el orden. Cuanta más responsabilidad ostentas en el sistema, más contribuirás, más alto será tu lugar en el orden.

Así que tu lugar en el orden no está determinado por cuanto das, o por lo bien que lo haces. Tu lugar viene determinado por lo significante que es, para el sistema, la contribución que tú haces. El impacto que tienes. Las funciones de responsabilidad tienen, por consiguiente, más impacto que las funciones operativas.

> Recientemente has sido promocionado. Antes eras ayudante de director de proyectos, y ahora eres director de proyectos. Tú eres el mismo, tu función ha cambiado. En la última

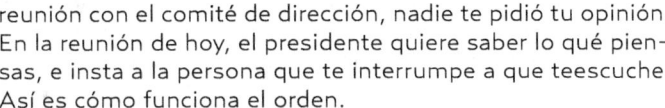

Extra Las leyes de los sistemas

reunión con el comité de dirección, nadie te pidió tu opinión. En la reunión de hoy, el presidente quiere saber lo qué piensas, e insta a la persona que te interrumpe a que teescuche. Así es cómo funciona el orden.

> Conocer tu lugar en el orden, es enormemente empoderador.

Tu lugar en el orden determina el terreno en el que puedes moverte. Si no sabes cuál es tu lugar en el orden, entonces estás fuera de juego. En la mayor parte de las ocasiones, las personas que se encuentran en esta situación empiezan ellas mismas a crearse un lugar inmediatamente. Tu lugar es confirmado por algunos símbolos, como el espacio de trabajo que ocupas, el título de tu cargo, las reglas no escritas de cómo debes vestir, el tipo de información a la que tienes acceso, dónde y cuándo se te pide tu opinión, y qué tipo de bromas parecen, de alguna manera, ser ahora algo más divertidas.

Quieres saber dónde está tu lugar, y también cuál es el lugar de los demás. Como cuando quieres saber qué gemelo es el mayor. Si sabes quién tiene qué lugar, puedes moverte más cómodamente.

A veces, puedes sentirte tentado a ocupar un lugar que, en realidad, no es tuyo. Esto ocurre, por ejemplo, cuando tienes una opinión sobre qué tal lo hace tu jefe. Entonces, en la confianza que ofrece la máquina de café, compartes tu opinión sobre el desempeño de tu jefe con algún colega. De alguna forma, te estás colocando como jefe de tu jefe. En la jerga sistémica, a esto se le llama "parentificación". O, por ejemplo, si cubres esos huecos a los que tu jefe no atiende. Supongamos que, en tu profesión, fuera muy importante el estar al día de todas las leyes y normativas, y que tu jefe no se ocupara de esto. Si haces esto por él sin que él te lo pida, de alguna manera te estás sentando en su silla, estás ocupando su puesto. Y por tanto dejas tu propio lugar. A esto, en jerga sistémica se le llama "triangulación".

En ambos casos, este es un trabajo muy duro. Demasiado duro y con muy pocos resultados. Porque, más allá de lo que se ve, interrumpes el flujo natural. Creas un atasco en algún lugar. Y eso causa problemas.

Un método simple para encontrar el camino de vuelta a tu lugar es preguntarte: *"Internamente, ¿desde dónde estoy haciendo / pensando / diciendo esto? Cuando me siento así, ¿parezco un hijo decepcionado? Si quiero esto, ¿estoy siendo un compañero ambicioso? Al decir esto, ¿soy el jefe de mi jefe?"*. No se trata de cambiar tu forma de pensar o de actuar. Se trata de hacerlo desde el lugar correcto.

También existe una jerarquía respecto al orden entre distintos sistemas. El primer sistema al que perteneces es el de tu familia. Desde tu primer aliento (algunas personas creen que incluso antes) formas parte de él. Sin que conscientemente tengas que hacer nada para ello. Por lo que, en el orden entre sistemas, el de la familia está siempre por delante del del trabajo. Este es el orden natural y saludable.

Cada sistema tiene su propio orden. Aunque este puede cambiar. Los órdenes en sí mismos también están en constante movimiento. Por lo que el hecho de tener tu lugar, no significa que siempre vaya a ser el mismo. Entender esta ley ayuda enormemente a comprender, rápidamente, cuál puede ser la causa de un problema.

> Las "Supernannys" de la televisión también conocen esta segunda ley. El escenario es siempre el mismo: en la situación inicial, son los niños los que mandan; en la situación final son los padres los que vuelven a mandar. Una de las intervenciones más habituales es la de restablecer el orden: *"Yo soy la madre, tú eres el hijo, por lo tanto debes escucharme"*.
> Hay una segunda intervención bastante habitual: la niñera envía a la pareja a que salgan juntos una noche. Ambos tie-

> nen que volver a conocerse como pareja. Inicialmente sólo existía la relación entre el hombre y la mujer. Cuando llegó el hijo, la relación cambió a la depadre y madre. Pero la relación de pareja estaba ahí primero. Si esta desaparece, los padres no pueden criar juntos a su hijo. Esa salida nocturna es el primer paso para intentar restablecer la relación de pareja.

Todos los gemelos han tenido que responder cientos de veces a la pregunta de quién es el mayor. Sorprendentemente, la diferencia de edad rara vez supera los 30 minutos. Aun así, quieres saber cuál es el orden. Más allá de lo que es visible, saberlo es muy importante. Incluso aunque no lo parezca.

Tercera ley: ¿Por qué el concepto "gratis" no existe?

Todo lo que está vivo, intercambia. Dejar de intercambiar significa dejar de vivir. Tanto literal como figuradamente. En otoño, el intercambio entre el árbol y sus hojas se detiene. Las hojas dejan de recibir la savia y, con ella, sus nutrientes. Las hojas se mantienen todavía hidratadas durante un tiempo, pero no tardan en secarse, caer del árbol, y pasar a formar parte de un sistema completamente distinto, el de la tierra.

Si dejas de intercambiar, lo primero que sucede es que te detienes. Detenerse es retroceder. Como dice el dicho: *"lo que no se mueve, muere"*. Pero la causa de ello no es el detenerse, sino la falta de intercambio.

> Supongamos que tienes un viejo smartphone tirado en el fondo de algún cajón. Uno que hace un par de años que no usas. El aparato no tenía ningún problema, pero te dieron uno nuevo cuando cambiaste de contrato, y guardaste este como repuesto. Y entonces llega ese día en el que, efectivamente, pierdes tu nuevo smartphone y necesitas reemplazarlo rápidamente. Consigues una nueva tarjeta SIM, la pones en el viejo teléfono y enciendes el aparato. Aparentemente todo

> está en orden: el teléfono está algo desgastado, pero ésta no es razón para que el dispositivo no funcione. Y sin embargo no lo hace. Al menos, no antes de haber realizado una larga serie de actualizaciones. Si no actualizas el software, el hardware de poco sirve. Sin ese intercambio, no funciona.

Existe un intercambio constante entre las partes de un sistema. También entre los sistemas y los sistemas mayores a los que pertenecen, hay un constante intercambio de información, energía e ideas. Todo fluye hacia adentro y hacia afuera. Entre este fluir, entre este Intercambio, debe existir cierto equilibrio. Incluso cuando algo es "gratis". En realidad, no lo es. Lo estás pagando de alguna manera, por ejemplo con información, con tu dirección de correo electrónico, con el acceso a tus contactos. "Gratis" habitualmente significa que el intercambio que se da, no es de naturaleza financiera.

El intercambio más importante en los negocios es el financiero. Este intercambio es la condición principal para la existencia de una organización. Existe una razón por la que, en el diseño de procesos, el cliente es primordial. Es el cliente quien determina si algo merece lainversión de recursos tan valiosos como el dinero o el tiempo.

Algo distinto ocurre con los gobiernos. Un gobierno puede, si es necesario, generar su propio dinero, haciendo pagar impuestos y tasas a sus ciudadanos. En el intercambio, el gobierno se encarga de esos grandes asuntos, algunos tan abstractos, que los ciudadanos no pueden realizar por si mismos. Esos de los cuales el gobierno, más o menos, tiene el monopolio. Como la seguridad interior, el mantenimiento del entorno, el cuidado de los enfermos psiquiátricos, el mantenimiento de las carreteras, o el mantenimiento de la democracia. Debido a ese monopolio, y a ese alto grado de abstracción, una organización gubernamental puede seguir existiendo incluso aunque este intercambio no esté (durante un tiempo) totalmente equilibrado.

Extra Las leyes de los sistemas

Todo lo que vive,
intercambia.

Si (ya) no se da el equilibrio entre el tomar y el dar, algunas partes del sistema intentarán, de forma consciente o no, restablecer el equilibrio en el intercambio. Por ejemplo, robando tiempo. ¿Cuántos trabajadores encuentran totalmente justificable el hacer compras on-line, realizar sus gestiones bancarias, o entrar en Facebook durante sus horas de trabajo? *"No veo el problema"*. ¿O llevarse a casa material de oficina? *"Hay más que de sobras"*. Si piensas así, es que de alguna manera estás restableciendo el equilibrio en el intercambio. Y ese equilibrio es tan importante, que difícilmente podrías permanecer en la organización si no lo restablecieras. Si quieres que tu automóvil siga funcionando, debes asegurarte de que llega la cantidad suficiente de combustible al motor. Con los humanos ocurre lo mismo.

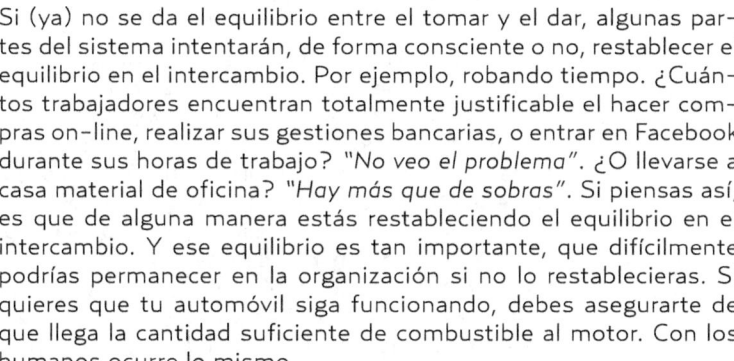

El ambiente en el taller había cambiado. Antes todos solían disfrutar yendo a trabajar, siempre estaban dispuestos a echar una mano. Los horarios se establecían de manera conjunta, se repartían las tareas entre todos, y no había dificultades para intercambiar los turnos cuando alguien lo necesitaba. Casi todas las noches, uno de los empleados aprovechaba el paseo con su perro para echar un vistazo al taller y comprobar que todo estaba en orden.
Pero con el nombramiento del nuevo supervisor, todos empezaron a ceñirse estrictamente a sus horarios. Completar los turnos empezó a ser algo cada vez más difícil. Nadie estaba dispuesto a cambiar su horario por otro compañero. Incluso el perro dejó de pasear cerca del taller. Los nuevos controles y las reglas introducidas por el nuevo supervisor, hicieron que los empleados se sintieran incomprendidos, in-

> fravalorados, y que habían perdido, sin motivo aparente, la confianza de la que antes gozaban. Las ofertas de trabajo de otras empresas de la zona, empezaron a ser el principal tema de conversación entre los trabajadores durante los descansos para tomar café.

El intercambio puede darse de muchas maneras distintas. La principal – entre clientes y proveedores, empresas y empleados, gobierno y ciudadanos — es el dinero: en forma de facturas, salarios e impuestos. El dinero es el medio de intercambio universal. Mientras creamos que el dinero es escaso, funciona. Pero el dinero es sólo una parte del intercambio. Cada vez son más las personas que no trabajan sólo por dinero. La seguridad, el respeto, el desarrollo profesional y personal, un propósito, el status ... son algunos de los elementos que forman parte de ese intercambio. Cuando hay una reorganización, todos esos elementos son puestos bajo presión. Eso es lo que hace que una reorganización sea siempre algo tensa. Incluso aunque sepas que vas a poder quedarte (primera ley: inclusión), o que tu posición no va a cambiar (segunda ley: orden). El intercambio es un equilibrio dinámico. No se trata de que si ayudas a un colega durante una hora, ese colega tenga que devolverte la misma cantidad (una hora) y el mismo concepto (tiempo) en la inmediata siguiente semana. Es algo más dinámico y de naturaleza más sutil.

El concepto "gratis" no existe. Porque siempre tiene que haber algo a cambio para mantener el intercambio. No inmediatamente, no con la misma moneda. A cambio de tu dirección de correo electrónico, puedes conseguir gran cantidad de información on-line. Das algo, y obtienes algo. Sin un intercambio en ambos sentidos, la vida no es posible.

Epilogo

Epilogo

Preguntas que Mueven   Siets Bakker

Epílogo

El hecho de que no lo veas no significa que no exista. Hay una realidad más allá de los sentidos, más allá de lo visible. Una realidad con información diferente. Esto no es algo que tengas que creerte sin más, es algo que puedes experimentar. Incluso aunque nunca leas un libro que trate sobre ello. Está siempre ahí, pertenece a todos y no pertenece a nadie. Lo único que puede interponerse en el camino de esta experiencia eres tú mismo. Puede que te parezca extraño, o que opines de manera distinta, o simplemente que no quieras que sea cierto. Si es así, en este momento este libro no es para ti.

Yo no he descubierto la realidad que hay más allá de lo que se ve, no he creado ni inventado nada. Mi aportación es la de haber traducido el conocimiento y la experiencia que he ido adquiriendo al formular preguntas. Eso es lo que comparto contigo en este libro.

He aprendido de muchos maestros maravillosos. Sólo mencionaré aquí los más significativos. La primera formación que hice con Jan Jacob Stam fue terrible para mí. Me bombardeó con todo tipo de preguntas que no entendía, sin tiempo para encontrar respuesta alguna, y dándome cuenta de que yo jamás hubiera podido formular preguntas similares a esas. ¡Pero cuánto aprendí con él! Gran parte del contenido definitivo de este libro, y de los ejercicios propuestos, están inspirados en su manera de ver el trabajo sistémico. Jan Jacob, gracias.

La primera vez que el conocimiento sistémico se convirtió en algo práctico y manejable para mí, fue cuando tuve en mis manos la baraja de cartas sistémicas creadas por Anton de Kroon. Esa baraja contenía un conjunto de preguntas sistémicas, estructuradas en distintos temas. Estas preguntas se convirtieron en una de mis primeras fuentes de lo que hoy son las Preguntas que Mueven. Anton, gracias por permitirme crear mi propia versión.

Los sistemas de los que formo parte han contribuido significativamente en mi forma de vivir y de trabajar. Mis raíces: sólidas y profundas en las arcillas de Frisia Occidental, en el norte de los Países Bajos. Mis padres, que me animaron cada uno a su manera. Mi marido y mis hijos que, por naturaleza, saben más acerca de las Preguntas que Mueven que yo misma. Mis colegas y compañeros de profesión y su estimulante y crítica curiosidad: Barbara, Gerdine, Annelies y Fiona. Mi amistad con Bas. Mi anterior libro "Unlocking Systemic Wisdom", escrito con Leanne Steeghs. Gracias a esa experiencia, me atreví a escribir de nuevo. Gracias a todos.

Quisiera agradecer especialmente a todos aquellos a los que este libro les gustó ya antes de que se materializara y que, por esta razón, quisieron contribuir a él: Ria Allewjin, gracias por tu cuidada edición del libro. Rob Beentjes, con tus cambios en el texto lo has elevado a un nivel superior. Leonie, gracias por trabajar para mí. Gracias Elly Hekman por tu edición del texto. Gracias a los lectores del primer borrador del manuscrito original. Sus comentarios hicieron visibles sus debilidades. Y un cálido agradecimiento para ti, Joan Oliva, por traducir este libro al español. Estoy impresionada y honrada por tu cuidada traducción y por tu profunda comprensión del trabajo sistémico, así como de la lengua y la cultura españolas.

Finalmente, me inclino ante todas las personas que me han permitido trabajar con ellas. Sus preguntas me pusieron en el camino de las Preguntas que Mueven. Ahora se las devuelvo en forma de este libro.

Siets Bakker

Siets Bakker (1973) es una precursora en el campo del trabajo sistémico aplicado. Como consultora organizacional, ha acompañado a docenas de consejos de administración en sus procesos de cambio. Se formó como facilitadora de constelaciones familiares y organizacionales, pero está mucho más interesada en encontrar nuevas formas en las que poder aplicar el conocimiento sistémico en situaciones cotidianas.

"Se dice que todos tenemos que seguir nuestro propio camino, pero yo nunca lo veo. He llegado a creer que no existe un camino para mí. Si quiero algo, primero tengo que crear mi propio camino. Esta ha sido mi experiencia hasta ahora. Y he llegado a amar el crear nuevos caminos. Preguntas que Mueven es justamente esto: un nuevo camino."

Tras hacerse cargo, en 2015, de "Uitgeverij Het Noorderlicht", una editorial especializada en literatura de temas sistémicos, Siets se convirtió en una emprendedora sistémica. Acompaña a organizaciones y a sus consejos de administración en procesos de cambio, ya sea como sparring o como supervisora de procesos.

www.sietsbakker.com

Preguntas que Mueven   Siets Bakker

Sobre el traductor

"La experiencia de traducir tiene mucho de sistémico. En cierta forma, te conviertes en el representante de aquel conocimiento que quiere ser transmitido a través del autor"

Joan Oliva Segú es consultor organizacional, formador y coach sistémico. Como ingeniero industrial, desempeñó durante 25 años funciones directivas en empresas de distintos sectores y ámbitos geográficos hasta que, en 2014, entró en contacto con el trabajo sistémico y el método de las constelaciones. Esta reveladora manera de abordar las dinámicas que se dan en las organizaciones, tuvo en él un efecto profundamente transformador.

Desde entonces desarrolla su actividad profesional acompañando a organizaciones, equipos y profesionales a desvelar, mediante el enfoque sistémico, aquello que está dificultando su evolución y, de esta forma, acceder a perspectivas que permitan abrir nuevos campos de solución.

"El trabajo sistémico nos permite obtener nuevas comprensiones sobre esas dinámicas, reconocibles pero intangibles, que tan a menudo se dan en nuestras organizaciones, así como en nuestras vidas. Ordenando, incluyendo, reconociendo, atendiendo a aquello que requiere ser atendido... para, desde ahí, seguir avanzando."

Junto a la traducción de libros y textos de contenido sistémico, Joan imparte y organiza formaciones sobre la aplicación de este enfoque en entornos profesionales.

Puedes contactar con Joan en **www.joanoliva.com**

Preguntas que Mueven   Siets Bakker

¿Quieres leer más?

Las Preguntas que Mueven están basadas en el trabajo sistémico. Son una interpretación de cómo tú puedes trabajar con esta filosofía. A continuación, encontrarás una pequeña selección de títulos, disponibles en español y/o en inglés.

Unlocking Systemic Wisdom
de Siets Bakker y Leanne Steeghs

si eres coach, consultor, o supervisor de procesos internos y quieres aplicar de forma práctica el conocimiento sistémico en las organizaciones. Unlocking Systemic Wisdom explica la forma de ver cómo actúan en tu organización las leyes sistémicas y, a partir de ahí, cómo poder intervenir.

Consultoría Sistémica: La organización como un sistema vivo
de Siebke Kaat y Anton de Kroon

Si quieres aprender más acerca de cómo las organizaciones se comportan como sistemas, algo en lo que los autores tienen una amplia experiencia. Este libro propone muchas preguntas que pueden hacerse al observar determinadas dinámicas o síntomas, lo que convierte los conceptos, a veces complicados, en algo muy práctico.

Coaching Sistémico
de Jan Jacob Stam y Bibi Schreuder

si eres o quieres ser coach, y quieres integrar el conocimiento sistémico en tu trabajo. A partir de su vasta y práctica experiencia, Stam y Schreuder comparten su conocimiento sistémico desde la visión de un coach.

Alas para un cambio
de Jan Jacob Stam

si quieres realizar un recorrido, acompañado por Jan Jacob Stam, en el que poder observar, de manera sistémica, todo lo que ocurre en una organización. En esta obra, Stam introduce los cuatro movimientos en los que se basa el último párrafo del Capítulo 4 de este libro.

The fountain, find your place
de Els van Steijn

si quieres saber más acerca de las leyes que rigen los órdenes en los sistemas. Usando una fuente como metáfora, Van Steijn explica, con mucha precisión, lo que ocurre cuando abandonas el orden en un sistema. Por supuesto, también ofrece consejos sobre cómo volver a ocupar tu propio lugar.

Una herramienta práctica: la baraja de cartas

¡50 preguntas listas para ayudarte a empezar! ¿Con cuáles de ellas resuenas? ¿Con cuáles no? Las preguntas de cada una de las cartas te llevan a ese lugar que ahora conoces tan bien, más allá de lo que se ve. La redacción es, a veces, abstracta, incluso mágica. Las posibilidades que ofrecen son infinitas.

Puedes utilizarlas en tus sesiones de coaching individuales o con equipos. Invítales a que escojan una carta que contenga una pregunta relevante en su asunto actual. Y una carta con una pregunta totalmente irrelevante. Primero, hablad sobre el proceso seguido en la elección de las preguntas. ¡Verás cómo inmediatamente empieza el movimiento! Responder a las preguntas es algo opcional.

O utiliza las preguntas como parte del trabajo de consolidación del equipo, o de la gestión de conflictos. Permite que cada persona elija la carta con esa pregunta que debería ser hecha, y que nunca se formula.

Cuando me siento bloqueada, me encanta echar mano de la baraja y sacar una pregunta al azar. Doy por hecho que la pregunta que he sacado esconde la solución. Durante un par de días, llevo la carta siempre encima, permitiendo que surjan, al menos, siete respuestas distintas. Todas ellas ciertas, cada una de ellas en un plano diferente. Este ejercicio me aporta siempre una solución.

En el reverso de las cartas, encontrarás símbolos con los que poder usarlas para representar elementos en tus constelaciones de sobremesa.

Puedes adquirir tu baraja en **www.preguntasquemueven.es**

www.ingramcontent.com/pod-product-compliance
Lightning Source LLC
Chambersburg PA
CBHW060841220526
45466CB00003B/1197